日本の近現代史をどう見るか

シリーズ日本近現代史⑩

岩波新書編集部編

はしがき

近代の幕開けを告げた開国から一五〇年余、日本は何を求め、どのような歩みを進めてきたのでしょうか。二一世紀の日本は、いかなる歴史的な文脈を抱え、これからどこへ行こうとしているのでしょうか。そして私たち一人ひとりは、日本社会の歴史にどう関わっていけばよいのでしょうか。

こうした問題を考えるためにスタートした「シリーズ日本近現代史」は、「幕末・維新」から「ポスト戦後社会」までを九つの時代に分け、各巻それぞれの著者の持ち味を生かした通史として、これまで刊行してきました。政治・経済・社会・文化の流れをたどりつつ、とりわけ軍隊と家族、そして植民地のあり方を探ることを通して、近現代日本とは何かを明らかにすることをめざしています。

最終巻となる本書では、各巻の著者の方々に、それぞれの時代の性格をとらえる際の根本的な問題を「問い」のかたちで掲げ、それに答えてゆくことで、日本の近現代史を見るときの要点を論じていただきました。さらにそこでは、各巻の理解を助ける補足的な説明も加えています。終章では、「通史」そのものについて語ることにはどのような意味があるのか、そのことを考える手がかりを提示していただきました。

なお、各章の末尾には、著者の「お薦めの五冊」を掲載しました。これからの読書にどうぞご活用ください。

本書を、本シリーズの総まとめとしてのみならず、シリーズへの導入としてもお読みいただければと思います。「シリーズ日本近現代史」が、日本の近現代の歩みを学んでゆくうえでの良き道案内となりますことを願っております。

二〇一〇年一月

岩波書店新書編集部

目次

はしがき

目　次

第1章　幕末期、欧米に対し日本の自立はどのように守られたか

井上勝生

「半未開」とみられた江戸日本

二一世紀に入って、歴史学に起きた大きな変化は、欧米中心の歴史観から、かつては周縁部に置かれていたアジア、アフリカ、ラテンアメリカの側を中心として、歴史が新しく書きかえられ始めていることです。文化圏の配置図が、地球規模で大変動を迎えています。もともと世界の資本主義や帝国主義の産業システムは、アジア、アフリカ、ラテンアメリカ地域の豊富な資源と厖大な市場によって繁栄したものでした。アジア・アフリカを中心とする大きなうねりが起こるのは、当然だと思います。

欧米の歴史、それは、強者の歴史でした。日本は、近代になってアジアからの離脱を急速に遂げて、欧米的な文化に変わりました。いわゆる「脱亜入欧」です。欧米中心の視点が、日本

では他のアジアの国々よりはるかに強かったのではないでしょうか。

私はあるときに、私自身が開国史を日本の側から観察していないことに気づきました。私たちの視点をアジアの側に移して、歴史を欧米の反対側から、注意深く観察してみることが必要です。私たちは、欧米を表側と見ることに慣れきっています。反対の裏側から注意深く観察すると、歴史のスクリーンに、アジアの人々、また幕末期江戸日本の人々の、個性をもった魅力的な姿が浮かび出てくるのです。

以上のような視点の重要性について、幕末・維新期の日本開国史を、江戸日本の側から観察することで説き明かしてみようと思います。

ペリー来航初日深夜の出来事を素材に説明しましょう。一八五三(嘉永六)年六月三日に、ペリー艦隊四隻が浦賀沖に錨《いかり》をおろし、江戸日本の、開国史が幕を開けます。

深夜、浦賀上空、南西方向の低いところから、「赤いくさび形の尾をもつ大きな青い球形」の巨大流星が現れて、ペリー艦隊の頭上を、「青い火が出て燃えているかのように」艦艇に閃光を反射させながら、江戸の方へと一直線に走ってゆきました。当直士官からこれを聞いたペリーは、日記に次のように記します(『ペリー遠征日記』)。

……そして、われわれの場合は、特異で半ば野蛮な一国民を文明諸国民の家族の中に組み入れようというわれわれの当面の試みが、流血の惨事なしに成功できるようにと神に祈る。

ペリーは、日本開国の成功を神に祈ります。「特異で半ば野蛮な一国民」は、江戸日本を指します。現在の歴史用語で言い直しますと、「半未開国」の日本です。「文明諸国民の家族」とは、欧米のキリスト教諸国の一群のことです。当時、江戸日本は、その家族の中に入っていません。欧米は、この家族から江戸日本を排除しているのです。文明は、まさしく欧米中心の、「欧米の世界」なのです。

ガンボート・ディプロマシー

ペリーは、アメリカ大統領の将軍宛書簡を持参してきました。その書簡を読んでみましょう（『横浜市史』第二巻、一九五九年、の訳文に拠る）。

……合衆国の憲法および諸法律は、他国民の宗教的または政治的事項に干渉することをすべて禁止する。余は、貴国領土の平安を乱すべきあらゆる行動をなさざるよう、とくにペリー提督に指令した。……日本もまた富裕豊饒の国にして、多くのはなはだ価値ある物資を産する。貴国人民は諸般の技術に熟練している。両国が互に通商して、日本および合衆国とともに利益を享けんことは、余の切望するところである。余は、貴政府の古い法律がシナ人およびオランダ人以外の外国貿易は許可しないことを知る。しかしながら、世界の情勢が変化しまた新政府が形成せられるに応じ、その時にしたがって新法を定めることが賢明とみられる。……もし陛下が旧法を改めて両国間の自由貿易を許可されれば、両国にきわめて利益をもたらすであろうと考える。

大統領は、書簡の冒頭で、将軍に「日本皇帝陛下に呈す」と呼びかけています。日本を一個の「帝国」と見なしたわけです。日本を「富裕豊饒の国」とも評します。大統領書簡の引用した部分だけでも、「日本」が二回出てきますが、ペリーが日記に記したような「半ば野蛮な」国、日本という暗い影は、まったく述べられていません。これに対して、実は、ペリーが合衆国出港にあたって授けられた国務省の一般命令（全般的訓令）は、日本のことを「半未開の弱小国民」と位置づけていました。

注意深く読むことが必要なのです。大統領は、書簡で合衆国の憲法や法律も挙げて、「貴国領土の平安を乱すべきあらゆる行動をなさざるよう」、ペリーに指令したと説いています。これは事実でしょうか。

国務省の一般命令は、大統領が「宣戦の権」をもっていないので（合衆国の宣戦権は、議会にあります）、ペリーの任務を「平和的性格」のものだと言います。しかしその一方では、不慮の事態に備えるよう、ペリーに「広範な自由裁量権」が与えられました。強力な艦隊をもって、「もっとも適当と思われる地点に全艦隊を進め」て、交渉を始めるよう、ペリーは命令されていました。そのため、ペリーの江戸湾での実際の作戦行動は、強硬でした。日本側の出方次第では、戦争になりかねないものでした。

『ペリー提督日本遠征記』で、ペリーは、日本政府に対して「断固たる態度」を執ることを決めていたと記しています。その態度とは、一文明国がほかの文明国に対して当然とるべき礼儀にかなった行動を要求する、ということでした。来航の初日に、日本側が江戸湾での交渉に難色を示すと、ペリーは、次のような強硬発言をしました。幕府が残した開国の外交記録、「対話書」からの引用です（原文の一部、漢文体になっている部分は読み下しました。読みやすくするために、原文の表記を一部あらためたところがあります。以下も同様です）。

反舟をもって上陸し、〔日本の〕高官の人に直に、〔大統領書簡を〕あい渡し申すべくそうろう。

反舟とは、大砲付きのガンボート（小型砲艦）のことです。それで上陸して書簡を直接に渡すというのです。いわゆるガンボート・ディプロマシー（砲艦外交）です。幕府が受け取らないという返答をすれば、江戸湾での武力衝突の可能性が現実にあったのです。翌日にも、日本側から返答がなければ、「今は致しかたもこれなし」、江戸表へ行くか、またはどのようにも「存念通り」(思い通り)行動する、とくり返しました。その後も、回答をうながすために、日本側の制止を振りきって、江戸湾の内海へ突入しています。

幕臣の外交努力

このような「半未開国日本」に対するペリーの強硬な発言と武力的行動については、これまでも触れられてきました。

しかし、こうしたペリーの強硬な発言と武力的行動に対して、江戸日本の幕臣たちが、どのように対応したかについて、今までは注意もされず、言及もされていません。浦賀沖での初日、ガンボートで上陸して高官に直に渡す、とペリーが発言したとき、交渉の最前線にあたっていた浦賀奉行所の与力は、次のように応答しました。

国には、その国の国法これあり、その法を犯しそうろう儀は、あいなりがたし、いずれにも……

幕臣は、江戸日本には、自国の国法がある。その法を犯すことはできないはずだ、と言うのです。そうして日本側の言い分を通しました。この発言こそ、幕臣たちが、ロシアとの外交であれ、イギリスとであれ、そしてアメリカのハリスとであれ、くり返したものでした。

その三年後、ハリスとの外交で、大統領書簡を将軍へ、ハリスから直に手渡すことの是非が争われたときに、ハリスが「万国一般」の礼儀なのだ、「万国同様」に扱うようにと要求する場面での、幕臣の応答を紹介します。

　一応もっともにあい聞こえそうらえども、ヨーロッパ州各国の習風《ママ》と違い、日本は日本の国風これあり、政事にかかわり、取り扱いかねそうろう儀は、何分致しがたし……

「日本は日本の国風これあり」、ヨーロッパ諸国の風習と違うと応ずる日本側の交渉態度は、明確で一貫しています。それでもハリスは、イギリス艦隊が来航するとか、あるいは認めないと合衆国との戦争になると威嚇して、日本の譲歩を引き出していきます。

日本側も、ハリスが威嚇していることは知っていたのです。条約があればイギリスに領土を取られないというハリスの説得に対して、これまで西洋のなかで、亡んだ国々はあまたあると聞いている、「国を保ちそうろうは、戦守の力これありそうろう故の儀」で、条約には依らないやに聞いていると、批判を加えて理解していました。その「戦守の力」が、幕府も自ら認めたように、江戸日本では決定的に不足していたのです。

軍事力の格差が大きいときに、弱国の江戸幕府が、日本の国法を掲げて外交交渉の中で、ある程度の抵抗を通すことが可能だったでしょうか。実際に私は、軍事力の格差が大きかったのだから、外交交渉による抵抗など大した意味はなかったのではないかという質問を読者からいただきました。

たしかにその質問には一理あります。しかし考えてみて下さい。現代の国際社会でも、各国軍事力の格差はきわめて大きいものがあります。それでも外交交渉は、明らかに大きな意味をもっているのです。武力によらず、交渉を尽くすという努力です。今も戦争は、それに相応しい理由なく起きています。アメリカが参戦したベトナム戦争は、一二年ものあいだ続き、北ベトナムと解放戦線、そしてアメリカ合衆国と南ベトナムで、総計三三〇万人を上まわる死傷者を出しました。世界やアメリカ国内での反戦の機運は高く、早く終結することが可能な戦争でした。アジア・太平洋戦争も、もっと早く終結することが可能でした。

時代を遡って、ペリー来航直後にヨーロッパで起きて、日本の開国の運命にも大きな影響を与えたクリミア戦争は、セバストポリの戦いなど、世界の戦史に残る惨憺たる塹壕《ざんごう》戦《せん》の様相を呈しました。トルコとロシアの戦争に始まりイギリスとフランスなどまでが参戦しました。この戦争は、錯綜した列強外交の末、イギリス、フランス、ロシアの本意に反して起きてしまった戦争といわれています。戦争突入を、どの国も予想しませんでしたが、そうなってしまったのです。これは失敗例なのですが、このように戦争への突入や終結に際しても、外交という人為のなせる働きは、歴史をプラスにもマイナスにも大きく変動させる力をもっているのです。外交努力が、現代だけに存在していると考えるのは、過去に対する過小評価だと思います。

和親と永世

一例を挙げましょう。一八五七(安政四)年、日米和親条約の一部を改定する下田協約の内容をめぐって、交渉を担当していた下田奉行とハリスのあいだが険悪になった場面です。

ハリスは、下田奉行との交渉の席で、次のような態度をとります。「対話書」の記録から紹介しましょう。

傍《かたわ》らにあり合わせそうろう紙、引き裂き、対席の間へ投げ出し、居丈け高にあいなり、面色〔顔色〕を変じ、憤怒はなはだしき様子にあい見え申しそうろう。

ハリス激怒の場面です。紙を引き裂いて、双方のあいだに投げ出しました。そして次のような発言におよびます。

改めて、御全権の廉《かど》へ対し、申し上げそうろう。日本にては、両国の懇篤をお望みなられずとのお書き付け下さるべくそうろう。戦争、お好みの義にそうらわば、右の心得にて、帰国申し立つべくそうろう。

ハリスは、日本の全権(井上清直《きよなお》ら)に対して、日本では両国の友好を望んでいない、という覚書を要求します。日本側が戦争を好むのであれば、自分はそのつもりで帰国する、と言い放ちます。戦争をもって威嚇したのです。この発言に至る経過も興味深いのですが、ここでは商人の日本滞在をめぐる、日本側にとって重要な交渉だったということだけを指摘しておきます。

これにつづく全権・井上清直の応答を紹介しましょう。

一旦、和親取り結びそうろう上、いかでか、戦争など望み申すべきや。両国へ渉りそうろう事件は、たがいに誠実を尽くし、永世まで、差し支えこれなきよう、取り計らいそうろうこそ、あい望むところにそうろう。

見事な発言だと私は思います。この後、交渉は平静なものに戻るのです。井上清直発言の深意を知るためには、発言の中の「和親」と「永世」という二つのキーワードに注意する必要があります。三年前に両国で結ばれた日米和親条約の第一条を次に掲げます。これは和親条約の主文です。

日本と合衆国とは、その人民永世不朽の和親を取結び、場所人柄の差別これなき事

「永世」という言葉を見れば、井上清直発言がこの第一条を踏まえたことがよく分かると思います。井上清直は、行き違いがあっても、戦争はできるかぎり避ける、たがいに誠実を尽くそう、それは永世のもので、どこであろうと誰であろうと区別しなかったはずだと、順序を逐ってハリスに反論しているのです。ハリスもそれに気づき、そのためもあって交渉が穏やかなものに戻ったのだと思います。

さきほど言いましたように、この時幕府は、外国商人の日本での営業という重要問題に直面していました。詳細は別の機会にしますが、幕府はこの問題に知力を尽くして、対処したのです。それにしても私たちは、和親条約を結びながら、折あれば平然と戦争発言をくり返すハリスの出方を、あまりいぶかることもなく記録を読んでいます。しかし井上清直の発言を読むと、

幕臣の対応に、軍事力むき出しの発言に対処できる「穏やかな叡知」とでも言うべき、「外交の力」があることに気づかされるのです。

嘘と怒り

私たちは、とかく歴史を偏りなく見ていると思いがちです。私たちの、歴史を見る視線がどれほど偏見から自由なものなのか、点検してみたいと思います。ハリスの戦争発言をもう一例あげましょう。一八五六(安政三)年、ハリスは、常時同席する目付について密偵だと怒ります。下田奉行は、日本では通例の規則なのだと説明するのですが、取り合いません。ハリスは、押し問答の末、次のように発言します。

ハリス　一、……すべてお嫌忌なられ、表裏のお取り計らいあい止め申さずそうらわば、不日意外の災い出来《しゅったい》申すべくそうろう。

下田奉行　一、右の外、申し聞きそうろう儀は、これなくそうろうや。

ハリス

一、これなくそうろう。

これでこの日の交渉は終わります。ハリスは、「意外の災い」と言って戦争をほのめかしました。下田奉行は、交渉記録に、次のような朱書きの補足説明を加えています。

（朱書）……列座いたし居りそうろう御徒目付《おかち》を指し、事柄はあい分からずそうらえども、しきりに罵《ののし》りそうろう様子にあい見え、または、給仕のもの茶、持ち参りそうろうを見受け、差し出しそうろうに及ばずとの儀にもこれあるべし。手を振り払い除《の》けそうろう様にいたし、すべての所為、発狂人の体《てい》に付き、強いて引き会いに及びそうろうとも、一向、憤怒を募らせそうろうまでにて、趣意、通し兼ねそうろうに付き、対話あい止め申しそうろう。

ハリスの激怒した様子が、リアルに描かれています。戦争発言をしたハリスに、下田奉行は、右の発言のように「外に言いたいことはないか」と聞くにとどめて、交渉をうち切りました。

ハリスは、実は度々、激怒しています。しかし今までこうした部分は、とくに注目されてきませんでした。それだけではありません。定評ある伝記『ハリス伝　日本の扉を開いた男』の著者カール・クロウは、その第一三章に「地上最大の嘘つき」という章を設けて、次のように説くのです。私たちの歴史を見る視点を考えるために引用しましょう。

日本の役人たちがいちばん驚いたことは、彼（ハリス）が一言も嘘をつかなかったこと、あらゆる質問に対しては率直な回答をしたことである。……彼ら（日本の役人）の態度をかえさせたもっと重要なことは、外国人との取引きで使う月並な戦術が、彼に対して完全に失敗だったという一事。これは、小さな嘘や言いのがれで外国人を無益に怒らせることだ。……こうした戦術にぶつかっても、ハリスは決して腹を立てなかった。

この文章にある、ハリスが「一言も嘘をつかなかった」や「ハリスは決して腹を立てなかった」は、事実と違います。一方ハリスは、彼の日記『日本滞在記』で、日本人の嘘についてたびたび言及します。「彼らは地上における最大の嘘つきである」や「それは全く嘘と二枚舌でかためたものである。なんとかして真実が回避され得るかぎり、決して日本人は真実を語りはしない」と評します。この日本の役人（幕臣）の嘘の部分も、一方的な記述です。

私自身、最初に『日本滞在記』で日本人の嘘を読んだときは、なるほど幕末の幕臣たちは、そんな程度であったのだろう、と思ったものでした。クロウの視点と同じ位置にいました。私たちは、幕府は「半未開」という見方に慣れきっているのです。注意深く、欧米の反対側から歴史を見てみましょう。

ハリスは、江戸で老中以下の閣僚たちに大演説をします。条約があれば大丈夫という説明について、老中の諮問をうけた幕府の勘定奉行は、次のように点検をしています。

既に去る寅年大統領承諾の条約〔日米和親条約です〕これありそうらえども、なおまたこの度のごとき申し立ていたしそうろうは、条約の頼みがたき証拠にて……

主旨は、先ほどの下田奉行井上清直の指摘とおなじものです。永世和親の条約を結んで間もないのに、なお条約を結べば大丈夫と迫る、その説明の齟齬《そご》を踏まえて、欧米の条約の効力について、「頼みがたき」もの、すなわち限界のあるものと主張しているのです。幕府の点検は、核心を衝いていると思います。

ハリスの大演説については、本シリーズ第1巻『幕末・維新』で紹介しました。一例をあげますと、ハリスの、アメリカ合衆国は他国の領土を戦争で奪ったことはない、平和の国だという説明に対して、「オランダ別段風説書《べつだんふうせつがき》」などの情報によって、近年のメキシコとの戦争で、合衆国がカリフォルニアとニューメキシコを奪い取った事実を確かめて、「申し立ての趣は、全く偽りとあい聞こえ申しそうろう」と、ハリスが「偽り」を言っていることを立証していました（アメリカ・メキシコ戦争は、一八四六〜四八年）。

しかも勘定奉行は、ハリスとこれらの真偽を改めて争う必要はない、ハリスの偽言を心得て、それを踏まえてハリスとの条約交渉に臨めばよいと上申し、採択されました。ハリスは、自身の大演説が詳しく点検され、自身のさまざまの偽言が幕府内部で正確に立証されていたことを知らないまま、条約交渉に臨んでいたのです。

不平等条約の評価

幕府の外交について、これまで私たちは、低く評価しすぎてきたのだと思います。それは、ハリスと幕府が結んだ、日米修好通商条約についても言えます。通商条約は、幕臣井上清直、岩瀬忠震《ただなり》とハリスとの間で、条約の内容をめぐる一三回の交渉の結果、締結されました。双方は、議論を尽くしたのです。条約の第一のテーマは、貿易のあり方でした。通商条約については、不平等条約であるため、日本側に一方的に不利だと言われてきました。たしかに領事裁判権や片務的最恵国条項、協定関税は、不平等条約に違いありません。しかし幕府側も、ハリスの言いなりになったのではありません。通商にかかわる重要な問題について、議論を尽くして、日本側の言い分を通しました。その一端を紹介しましょう。

この重要問題について述べる前に、たとえば、領事裁判権の採用について少し考えておきましょう。日本側が外国人に対して裁判を行う権利を放棄した点は、主権国家の立場から見れば、ありうべからざる不平等条約といえます。主権国家とは、中央集権化し、法律を領域内すべてに及ぼす国家です。しかし江戸日本は、主権国家ではありませんでした。大名はそれぞれの藩領のなかで、自身の裁判権を行使していました。幕府がもしも欧米人に対して裁判権を及ぼすとすれば、まず日本国内のこうした裁判権の分散が、大きな障害になったことでしょう。明治維新の後、明治政府は、領事裁判権を解消しようと努力しますが、結局、日本に集権された裁判制度が整備されるまで、その解消はできなかったのが実状でした（一八九九年解消）。またもし幕府が外国人に裁判権を行使したとすれば、裁判の行方をめぐって、幕府と欧米との激しい衝突が発生したことでしょう。幕府と欧米では、法もお互いに異文化でした。江戸幕府のような主権国家ではない状況では、領事裁判権は、やむを得ない、それどころかむしろ必要な制度という一面がありました。

自由貿易帝国主義と幕府

通商交渉でも、日米修好通商条約のなかに、日本に有利な条項があったと、近年、評価されるようになってきました。ここで通商にかかわる重要問題について説明したいと思います。

最初の方で、ペリーが幕府に渡したアメリカ大統領の将軍宛書簡を読みました。書簡は、幕府に「旧法を改めて両国間の自由貿易を許可されれば、両国にきわめて利益をもたらすであろう」と、自由貿易を薦めていました(その部分を引用しておきました)。「両国にきわめて利益をもたらす」という説明は、事実だったのでしょうか。

『幕末・維新』では、ペリーが幕府全権・林大学頭《だいがくのかみ》に自由貿易を迫った場面、またロシアのプチャーチンが川路聖謨《かわじとしあきら》と、通商をめぐって論争した場面を紹介しました。

ペリーは、交易は「有無を通じ」、たがいの「国益」にもなるのであって、けっして「御不為」(不利益)にはならないとせまりました。またプチャーチンは、たがいに「値安のもの」をあきなう通商は、「国を富ます」のであって、「国を害する」ことはないとせまったのでした。アメリカ大統領とペリー、そしてプチャーチンは、通商は不利益にはならないという同じ趣旨をもって、日本側にせまったことが分かります。

当時のイギリスなどの自由貿易システムを、経済史の研究者たちは、自由貿易帝国主義と呼んでいます。ここでその要点をまとめておきましょう。

一九世紀になって、フランスやアメリカ、オーストリア、ロシア、ドイツでも、強固な保護政策のもとで資本主義的生産が形成されたために、イギリス製品は、ヨーロッパから、世界の後発地域へと市場を移します。イギリスは、圧倒的な生産力のちがいによって、安い商品を大量に後発地域に輸出します。輸出された商品の中心は、綿布でした。そうして後発地域の綿業を中心とする在来産業が破壊されるのです（後発地域の在来産業は、しばしば相当程度発展していたにもかかわらずです）。後発地域は、原料・食料の供給国、工業製品の輸入国となって、欧米資本主義に従属する経済構造になってゆきます。

これが自由貿易帝国主義のごく基本的な姿です。以上から分かるように、自由貿易帝国主義時代の貿易は、後発地域にとって利益になるとは限らない、それどころかむしろ害となる面が多かったのです。その国の自生的な近代化の基盤になる在来産業が壊されかねないのです。プチャーチンとの外交を担った川路は、値の安いものを交易するのが利益だという説には、「道理」と賛成しますが、貿易が国を富ますという説には、川路に贈られた立派な卓上天文時計を例にあげて、「日本人は、何もかも渡して素っ裸になってしまうでしょう」と巧みに否定しました（『ゴンチャローフ日本渡航記』）。たたき上げで、民政の経験も豊かだった川路は、欧米との貿易の危険性を察知していたと思います（後で述べますように、日本では外国商人の活動に制約が加えられたのです。それでも、アメリカ南北戦争の影響もあって日本産綿花が大量に輸出され、綿布輸入と併せて、発展していた綿織物業は、織屋層に甚大な被害を出しました）。

一方で、イギリス以外の欧米諸国は、一九世紀前半には、輸入禁止を実施して、「世界の工場」となったイギリスに対抗して自国産業の成長をはかりました。同じ世紀の半ばには、輸入禁止をゆるめますが、重要品目の部分的禁輸（フランス、ロシア）、あるいは一時は五割にも達した高関税（アメリカ）を課しました。貿易が自国に不利益をもたらすことのあることをよく知っていました。欧米側は貿易が国益を損わないと言い切った欧米側は、真実を述べませんでした。そうして交渉に当たった日本側の幕臣の誰一人このような偽言に従いませんでした。後世の史家からは評価されず、かえって近代的貿易について無知だったと謗《そし》られるのですが。

「諸商民蝟集」する横浜

また『幕末・維新』では紹介できなかったのですが、通商条約交渉で、幕臣が貿易の重要問題について、抵抗を貫いている個所があります。外国人の旅行権の問題です。

この外国人の旅行権の問題が、近年、日本国内市場への外国商人の侵入を防ぐ役割をしたとして経済史研究者から注目されています。日米修好通商条約と同じ時期に結ばれた中国の天津条約では、外国人旅行権は中国国内全体について承認されました。それに対して、日本では、原則として外国人旅行権には、一〇里（約四〇キロ）以内に限定されました。外国人旅行権の制限が、日本人を雇って巨額の前貸し資金を与えて産地へ派遣するなど、違法に近いさまざまな手段で国内市場への進出を試みた外国商人の、国内侵入を防止しました。外国商人自身が、産地へ行けないという規制は、重要な役割をしました。

現代の代表的な経済史研究者・石井寛治氏は、次のように指摘します。開港場において、日本の有力な売り込み問屋層が形成されないかぎり、外国商人のこうした産地買い付けの試みがくり返し現れうることを考えると、と石井氏は説明して、次のように言います。この文章が重要です。引用しましょう。一九八一年開催カンファレンス記録『世界市場と幕末開港』に載っている石井寛治氏の報告です。

幕末横浜に蝟集《いしゅう》した生糸商人(→売込問屋)の歴史的役割は、外商(外国商人)の国内流通過程進入を阻止した点からも改めて評価されるべきであろう。

外国商人の旅行権が規制されただけでは、十分ではないのです。日本国内に横浜の外国商人へ生糸などを売り込む、日本側の売り込み商人(石井氏は、売込問屋と記します)が、殺到し出店する、石井氏の使う言葉では「蝟集」することが必要でした。実際に、横浜へは売り込み商人たちが蝟集して、外国商人の侵入を防ぎました。石井氏は、旅行権の制限と売り込み商人の蝟集、この両者が、日本の民族的防壁になったと評価しています。

日米修好通商条約を結ぶ条約交渉で、ハリスは、アメリカ人の旅行権を日本側に要求するのは、旅行先の土地土地で、「産業の様子」を視ること以外に「別意これなし」と発言して、国内自由旅行権を要求しました。

ハリスとの通商条約外交のすぐれた分析を行ったのは、『横浜市史』第二巻です。今もこれを越えるものはないと言って過言ではありません。『横浜市史』は、ハリスの右の発言を、「外国のわが国内経済を支配する端初(ママ)ともなる」と商業上の目的の主張と指摘しています。この部分の執筆は外交史家の石井孝氏で、的確な指摘ですが、これに対する幕臣の応答について、幕臣が、日本人の「人心にさわり」、「国内の不安」をかもし出すと「非常に感情的な言葉を吐いた」と、外国人旅行が生みだす人心不安を予想してもっぱら感情的に激しく反発し、それによってハリスの旅行権要求が退けられたように説明しているのは、幕府外交が、「半未開」のもので劣っているという先入観が働いているのだと思います。しかしながら、この『横浜市史』の評価が今でも定説になってしばしば引用されています。

事実を「対話書」記録から紹介しておきます。戦前から刊行されている『大日本古文書 幕末外国関係文書』第一八巻に一問一答が掲載されていますので、幕臣がハリスの発言に対して述べた反論から二つを、一例として引用しておきます。

〔神奈川を開港すれば〕貿易あい開きそうろう上は、諸商民蝟集、たちまち大都会を為《な》しそうろうは、疑いなき事にそうろう。……

要枢の地を開く上は、全国の産物、ことごとくつどい来たり、いささか差し支えこれなし、

幕臣井上清直らは、神奈川(実際に開港されたのは、南隣の横浜村でした)は、貿易を開けば、「諸商民蝟集」して、たちまち大都会になる、そうして、そこに全国の産物が集まる、外国商人の国内旅行権は必要ないと、ハリスに反論しました。幕臣は同じ趣旨の発言をくり返しています。この幕臣の発言は、実は石井寛治氏の、日本商人が横浜に蝟集して外国商人の進出を防いだ、という指摘と同じなのです。幕臣は、日本商人が蝟集して開港場が大都会になること、そこに産物が集まることを予言しています。歴史は、横浜村が示したように、現実にその通りになりました。しかも幕臣が、「蝟集」という、現在の経済史家と同一の言葉(漢語)を使って、同じ事柄を発言していたところに、胸を打たれないではいられません(蝟はハリネズミの毛の意味で、「蝟集」はまるく群がり集まることです)。

「半未開」の側に移る想像力

交渉記録は、ハリスが「さまざまの譬喩《ひゆ》、反復、強弁」したと記しています。しかし、幕臣は「それに換えがたき難事これあり、何分整いがたくそうろう」と、外国人旅行権を拒否しつづけました。井上清直自身が、入用があって熱海と江戸で雁皮紙《がんぴし》を求めたところ、物が集まる

江戸での方が安かった経験談をハリスに説くなど、議論を尽くしています。

幕臣は、売り込み商が、外国人商人の進出を防止する防壁になることを、明晰に分かっていたのです。これまで、私たちは、幕臣の外交交渉を劣ったものと、あまりにも、そして手ひどく過小評価してきました。

売り込み商が、横浜に「蝟集」し、その中には、鰯屋や野沢屋、吉村屋、永喜屋、杉村屋など大売り込み商も出てきます。外国商人の国内進出の旅行権はその後においても与えられず、日本の国内市場は守られました。国内市場は、たまたま守られたのではなく、幕臣の、それを目指した外交努力が在ったからなのです。

先ほど引用した「要枢の地を開く上は、全国の産物……」に続けて、幕臣は、「日本の商民すら全国をことごとく旅行するもの一人もこれなくそうろう」と、反論しました。江戸日本の旅行のシステムからいっても、商人の資金力からいっても、その通りだと思います。もし、莫大な資金と航海自在な蒸気船を持つ外国商人に自由な全国旅行権が認められたら、日本の国内市場は、計り知れない打撃を受けたと思います。欧米の一般性(「万国一般」)を主張するハリスに対して、幕臣が「日本には日本の国法これあり」と日本の独自性を主張し続けた意味は大きかったと思います。こうして、軍事力によらないで、日本の経済的自立は守られたのです。

右のように、幕府外交が、無知無策でなかったことを指摘しました。私が、もっとも説明したかったことは、視点を欧米中心からその反対側へ移すような、複眼的で柔軟な歴史の見方が必要だという点にあります。「半未開」の江戸日本という文明側の視線で見るとさまざまの事実が隠されてしまうのです。先入見から一歩踏み出て、幕府の側へ視点を移す想像力をもって注意深く観察すると、西欧の人々とは別の、幕末期江戸日本の個性的で魅力的な相貌が次々に浮かび出てくるのです。

自立の出発点

これまで、開国期に無為無策であった幕府が、一方的に不平等な条約を認めさせられ、それに対して、条約反対という国内世論を受けた天皇と朝廷が登場して、条約を拒否し、ここから幕末の政治史が始まるという「物語」が作られていました。

『幕末・維新』でも叙述しましたように、幕府は、軍事力の違いを踏まえて、戦争を避け、欧米の要求に対しては、情報を集積してその危険性を察知し、欧米への譲歩をできるだけ縮めるように努めるという路線を採りました。交渉記録「対話書」も公開して、大名たちの合意、世論をつくり出しました。漸進的開国路線です。江戸日本の自立は、売り込み商の蝟集に見られるような日本の経済の成熟と、幕府の漸進的開国路線によって守られたのです。

堀田正睦《まさよし》老中首座が、外交交渉を担当した幕臣・川路聖謨と岩瀬忠震を連れて京都へ行き、詳しく事情説明をすると事前に朝廷に対して明言したにもかかわらず、孝明《こうめい》天皇は、堀田が京都へ着く前に、「閣老上京の上、演説そうろうとも、固く許容これなきよう」、開港は許さない、「打ち払い然《しか》るべきや」と表明しました(正月二六日天皇書簡)。『幕末・維新』で紹介しましたように、こうした天皇の言動は、有志大名、島津斉彬《なりあきら》や山内豊信《とよしげ》らから支持されず、それどころか「書生同様の論」「無謀」(山内豊信)、「内乱になる」(島津斉彬)ときびしく批判されたのです。

しかし、明治以後、重要なその事実は、ことさら無視されて、天皇があたかも政争の中心に居つづけたかのように明治維新史が叙述されてきました。

開国は、幕末史の激動の始まりです。日本の自立が守られた事実の総体を知るためには、その後の国際的変動と、国内の政治史を述べる必要があります。『幕末・維新』を参照して下さい。ここで述べましたことは、自立の出発点です。しかし、外交努力のできる幕臣を生みだした日本の政治の内的な成熟、そして売り込み商の蝟集をもたらした江戸後期日本の経済の成熟が、日本の民族的自立の広大な基盤となり、それらが明治維新全体の基幹となる地下水脈であったことに変わりないのです。

お薦めの五冊

①島崎藤村『夜明け前』（岩波文庫、二〇〇三年）
　今も歴史小説の最高傑作。文豪晩年の雄大、リアルな筆致は、今日も比類がない。木曾路の篤農家たちの視点が堅持されている。主人公は、最期に維新を痛罵する。感動的だが暗い下巻も、戦前一九三五年の定本版は、ファッシズムの足音が高くなった時代の中で、発売直後から爆発的に支持された。

②田中彰『明治維新』（日本の歴史24）（小学館、一九七六年。のちに講談社学術文庫）
　王政復古クーデター以後の通史として高い定評がある。魅力的叙述の難しい時代だが、「琉球処分」で締めくくり、民衆運動を入れるなど、リベラリストの姿勢が一貫している。また中村哲氏の『集英社版　日本の歴史⑯　明治維新』には、経済統計などを駆使して明治初年の大局を分かりやすく描く。どちらも学問的水準の高い維新政府時代の通史である。

③花崎皋平『静かな大地　松浦武四郎とアイヌ民族』（岩波書店、一九八八年。のちに岩波現代文庫）

北海道は植民地そのもの。アイヌ民族の、この主張が心に響く。明治政府の膨張主義は維新の初めから示された。今日の「アイヌ新法」の不十分さに対する民族の怒りが、たやすく声に出せないほど胸中深く抱え込まれていることは一般に知られていない。ルポルタージュを交えた本書は、明治維新史をとらえ直す有力な手がかりになる。

④吉村昭『落日の宴 勘定奉行川路聖謨』(講談社、一九九六年。のちに講談社文庫)

『幕末・維新』でも紹介した幕臣・川路の伝記小説である。近刊のものでは、幕臣・中島三郎助を取りあげた佐々木譲氏の『くろふね』等々、幕末の歴史小説は、敗者を取りあげたものに秀作が多い。吉村氏は各所で、敗者の幕臣が、歴史上、重要な役割をしたと語っている。氏の大局的な歴史の見方がすばらしい。

⑤渡辺京二『逝きし世の面影』(葦書房、一九九八年。のちに平凡社ライブラリー)

地方の出版社から出て、ペーパーバックで再刊された。最初に刊行された時から感銘を受けた一冊である。幕末江戸の老若男女、自然、動物、博物を描いて、叙述も精緻で新鮮である。懐古趣味でないことは、最終章「心の垣根」でも一読了解できる。アナール派等々の歴史学を消化した上のものと見ているが、読ませる点でも、近時、随一と思う。

第2章　なぜ明治の国家は天皇を必要としたか

牧原憲夫

囲い込みと競争

本シリーズ第2巻『民権と憲法』が扱う時代は、一八七七（明治一〇）年の西南戦争から九〇年の帝国議会開設までの十数年間です。タイトルが示すように、憲法や議会をめぐって明治政府と自由民権派がはげしく対立し、日本の歴史のなかで初めて、多くの人びとが「国家のありかた」について真剣に議論し行動した時期でした。自由民権運動はその後の政治思想・文化にも大きな影響を与え、第二次世界大戦後の新憲法制定過程では民権派の憲法草案が参照されました。

他方、民権運動を弾圧した明治政府については、一九六〇年代まで、半封建的な専制権力という批判的な見方が主流を占めていましたが、それ以後は、短期間に独立した近代国家の基礎をかためた功績を強調する見解がしだいに有力になりました。こうした評価の対立は、しかし、どちらか一方が正しいというよりは、「近代」という時代の両面性として統一的に把握したほうがよいのではないでしょうか。

また、「民権と憲法」の問題を国内政治の面だけでとらえるわけにもいきません。経済的には近代産業の成立と同時に自作農の没落が進み、対外関係では台湾出兵、琉球王国の併合、蝦夷《えぞ》地《ち》・千島列島・小笠原諸島の領土化、カラフト・千島アイヌの強制移住などがあり、さらには、朝鮮に対する不平等条約の押しつけや軍隊の出動といった出来事が続きます。ところが、民権派の多くはこれらを本気で批判するどころか、むしろ支持する側にまわります。これは民権派がだらしなかったからか。いや、ここにも近代の特質が露呈していると考えたほうがいいのではないか。第2巻はそうした問題関心から出発しました。

キイワードには「囲い込み」と「競争」を設定しました。本来だれのものでもない土地に杭を打って「おれの土地だ、どう使おうと勝手だ、他人は入るな」と宣言する、これが私的所有権の主張であり、この囲い込みの論理が個人の自由を尊重する近代的権利論や、所有権者の同意なしに課税すべきでないという租税共議権(参政権)の基礎になっているからです。領土と国民を囲い込んだ近代国家が外国の口出しを内政干渉だと拒否したり、一国単位の国民経済の確立をめざすのもその一環であり、近代社会の進展につれて、個人や家族が親類・隣人とのつながりよりプライバシーを重視し、ついには、「わたしの身体をどう使おうと勝手だ」と女子高校生が言いつのるのも、囲い込みや私有のあらわれと言えるでしょう。

囲い込みはまた、その内部にあらたな差異と序列を創り出します。これなしには支配秩序を構成し、資本主義を機能させることができないからです。そして、優勝劣敗の自由競争が自由・平等を旗印とする近代社会の原則になります。江戸時代ならば、統治権を独占する領主には「仁政」、つまり領民が安穏に生活できるように配慮する責務があり、富裕者にもあくどい私益追求を自制する「徳義」が求められました。村は年貢納入の連帯責任を負うとともに相互扶助の場でもありました。しかし、明治の地租改正で納税は個人の責任となり、仁政や徳義も否定されます。だれの助けも当てにせずに懸命に働き、他人を蹴落とさなければ富や社会的地位を手に入れられない、そんな時代の到来です。しかも、貧しいのは政府や富者のせいではなく、本人の能力や努力が足りないからだとみなされます。学歴社会はその典型でしょう。「人は生まれながらにして貴賤貧富の別なし。ただ学問を勤めて物事をよく知る者は貴人（上流階級）となり富人となり、無学なる者は貧人となり下人となる」と、福沢諭吉《ゆきち》『学問のすすめ』も明言しています。

自由民権運動はこうした近代の論理を政府と共有したからこそ、議会開設の主導権をめぐって激突する一方で、自由競争や国権拡張などを主張したのであり、第2巻が民権や憲法とならんで外交・経済・教育・家族などを重視したのも、近代国家の成立というこの時期の特質をトータルに把握したいと考えたからです。

三極構造

もちろん、実際の民権運動が租税共議権の論理だけで動いたわけではありません。幕末の政治闘争にしても、島津斉彬《なりあきら》ら有力大名が外交のような全国レベルの問題を幕府だけで決定すべきではないと主張したことが発端でした。やがて、君主専制・立憲君主制・共和制といった政治体制の違いや議会制度の基礎的知識が加藤弘之・津田真道《まみち》ら幕府系知識人などによって紹介されはじめ、反幕府派リーダーのなかにも憲法や議会の初歩的イメージが伝わっていきました。将軍徳川慶喜《よしのぶ》も、一八六七(慶応三)年、有力諸藩重臣の合議という形式をとって大政奉還を敢行し、諸侯会議の主導権をにぎることで権力を維持しようとしました。この企図は王政復古のクーデタと戊辰《ぼしん》戦争で阻止されましたが、「公議輿論《よろん》の尊重」は尊王攘夷派が幕府を攻撃するときの旗印でしたから、明治政府といえども簡単には否定できません。五か条の誓文や諸藩代表などを集めた諮問機関(公議所)の設置はそのあらわれでした。

しかし、なにが輿論かは自明ではなく、公論尊重だから平和的とも限りません。自分たちの主張こそが公論だと言い合って武力抗争になったり、「輿論に従え」と叫んで権力をにぎるや輿論を邪魔者あつかいすることもめずらしくありません。近代国家建設をいそぐ明治政府もまた、農民や士族の反発を暴力的に抑え込みつつ、地租改正・徴兵制・秩禄処分などを実現させていきました。

一方、明六社同人をはじめとする知識人は、文明開化の立憲国では国家の主眼は人民であり、人民には土地私有権などの権利と義務がある（加藤弘之『国体新論』）、西洋の君主は馬車の御者のようなものであり、乗客である人民の希望にしたがって馬車を進めねばならない（スマイルズ、中村正直《まさなお》訳『西国立志編』）、などと啓発に努めました。「天下は天下の天下にして君主一人の天下にあらず」といった古くからの政治理念がこれらと重なって、四民平等である以上、国民には国政参加権があり思想表現等の自由も尊重されるべきだという主張が、士族のみならず、名主などの地域指導者層や富裕な農民・商人の共感を呼ぶようになります。江戸時代にも村役人などを入札《いれふだ》（投票）で選ぶ慣行がありましたから、選挙や議会はそれほど奇異ではなかったと思われます。

ただし、この国で自由に生活する以上、国家のために一命をなげうつ覚悟が必要であり、「政府のみに国を預け置き、傍《かたわ》らよりこれを見物する」「客分《きゃくぶん》」になってはならない（『学問のすすめ』）、と福沢は力説しています。旧幕臣の勝海舟・榎本武揚《たけあき》が敵であった明治政府の大臣になったことを福沢が批判したのも、「二君に仕えず」という武家倫理に反するからではなく、かれらを見ならって、「我日本国民が外敵に逢って……手際好く自から解散する」、つまり、日本の民衆が外国の支配を簡単に受け容れてしまうことへの恐れからでした(「瘦我慢の説」一八九一年執筆)。国境線で囲い込んだ住民がナショナル・アイデンティティをもたなければ近代国家は充分に機能せず、なによりも外国との競争や戦争に勝てない、というわけです。

それに、国家の運命と自分の運命は不可分だと意識しなければ、国政改革につよい関心をもつこともありません。民権派が新聞や演説会で国民としての自覚(愛国心)を訴え、徴兵逃れを非難したのはそのためです。ここでのキイワードは「国民」です。江戸時代の庶民は純然たる客分でしたが、村落指導者層は村請制のもとで地域社会の治者として活動し、幕末の対外関係にも危機感を抱いていました。だから、福沢や民権派の主張に違和感はなかったでしょう。ただ、「報国心」が自国中心主義の「偏頗心《へんぱしん》」であること(『文明論之概略』七五年)を自覚していたところに、福沢の思想家としての本領がありました。

他方、一般民衆のなかには、兵役なんて真っ平だし、一日三度の飯が食えればだれが天下をとってもかまわない、といった客分意識が根強く残っていました。しかも、江戸時代の川柳の皮肉なまなざしや一揆・打ちこわしが示すように、客分はたんなる政治的無関心や服従心ではなく、政治を横目に見つつ、生活が脅かされれば果敢に異議申し立てをする被治者根性の持ち主です。明治の民衆も新政反対の一揆を起こしたり、公然と政府を非難する民権派の演説に拍手喝采しました。

つまり、客分として仁政を求める民衆と、国家を主体的に担おうとする民権運動とのあいだには基本的なズレがありながら、両者は反政府の一点で共振し、政府に大きな脅威を与えたのです。とすれば、この時期の政治構造は政府と民権派の二極ではなく、民衆を加えた三極対立の構図でとらえたほうがよいでしょう。自由競争・学歴社会・近代家族などの価値観を積極的に内面化していくのも上昇志向の強い中間層ですから、政治以外の分野でも三極を想定できるかもしれません。とはいえ、庶民もまた、しだいに近代国家の国民になっていきます。そうした複合的な関係を第2巻では重視しました。

文明化の推進役としての天皇

だが、明治の国家を単純に近代国家と言っていいのか、天皇制の問題があるはずだ、という疑問をもたれる方も多いでしょう。たしかに、そのとおりです。ただし、近代天皇制の形成期である明治期を、前近代や、一九三〇年代以降のいわゆるファシズム期のイメージでとらえるわけにはいきません。第2巻では対象とする時期が限られていたこともあって簡単にしかふれられませんでしたが、ここではもう少し時間軸を長くとって、明治の国家がなぜ天皇（という存在）を必要としたか、天皇が日本の近代国家建設のなかでどのような役割を果たしたかを、あらためて考えてみることにします。

まず第一に、天皇の存在がなければ、幕藩制の解体と中央集権国家の確立を短期間に実現するのはかなり困難でした。儀礼的にせよ朝廷が武家政権のうえに位置づけられていたからこそ、幕末の政治過程で尊王のスローガンが威力を発揮したのであり、幕府や諸藩が統治権の「奉還」を拒否できなかったのも、政治的・経済的な弱体化だけでは説明できません。同時に、朝廷内では約千年続いた摂関家の特権も否定されました。王政復古とは、天皇の名による、武家と公家の伝統的支配体制の解体を意味しました。

しかし、尊王攘夷を旗印に権力をにぎった明治政府は、一転して開国和親、文明開化の路線を突き進みます。不平等条約の改正を実現するには、西欧諸国から「文明国」と認知されねばなりません。それゆえ、天皇は率先して断髪し、牛乳を飲み、肉食をはじめるとともに、人民も天皇を見ならえと宣伝され、断髪・洋服姿の天皇の写真が県庁などに掲げられました。ひところ永六輔さんが「天皇に着物を！ 市民連合」(天着連《てんちゃくれん》)を唱えたことがありましたが、いまでも祭祀《さいし》を別にすれば皇室の正装は洋服であり、公式晩餐会はフランス料理です。明治天皇は開化の模範となり、最高の文明ブランドになったのです。

当然、本気で攘夷や復古を信じた志士や国学者は不満を募らせます。島崎藤村の『夜明け前』に描かれたように、村落指導者層のなかにも国学はかなり浸透していました。幕府・藩の統治力に不安を感じたかれらは、天皇と結びつくことで国家の自立と地域秩序の再建をめざしたからです。権力を武力で奪取しても、イデオロギー的に正統化できなければ支配は安定しません。文明化しないと西欧諸国に認めてもらえないといった弁解では逆効果です。

そこで登場したのが「開化＝復古」という図式でした。復古の名による幕藩制解体はその典型ですが、国民皆兵も兵農分離以前への復古であり、かつ「西洋諸国数百年来の研究実践」とも合致すると太政官告諭（一八七二年）は力説しました。また、女子の服制に関する皇后思召書（一八八七年）は、衣《ころも》と裳《もすそ》に分かれたツーピース型が古代の服制であり、上衣を長くしただけの和服はこれに反する、「今西洋の女服を見るに、衣と裳と具《そな》うること本朝の旧制のごとく」であり、動作にも便利だから努めて洋服を着るように、と説諭しています。天皇は皇后の洋装を嫌がっていましたが、これ以後、皇后は日常生活でもドレスをきちんと着ていたようです（米窪明美『明治天皇の一日』新潮新書、二〇〇六年）。

もちろん、「開化は復古」なんて屁理屈です。第一、「本朝の旧制」とは中国由来の律令制のことであり、日本古来とはいえません。また、王政復古のときは「神武創業」つまり、天皇神話で始祖とされる神武天皇にまで戻るといって摂関制を否定したのです。しかし、とにかく開化は復古と矛盾しないのだと言われてしまえば、反欧化派・復古派は勢いをそがれ、四民平等や徴兵制を原理的に否定するのはむずかしくなります。さらに、一八七三年の太陽暦施行では、旧来の休日である五節句が廃止され、紀元節・天長節・新嘗祭などの祝祭日が設けられました。「暦による時間の管理」はつねに統治の要ですが、西洋の暦を採用する一方で、国家祝祭日はすべて天皇がらみにしたわけです。

そもそも、最先端文明の導入による天皇の権威確立という手法自体が、古代における中国化の再現でした。それでも、天皇がイデオロギー的にも主導的役割を果たせたからこそ、急速な西洋化が正統化され、それゆえにまた近代日本における天皇の統治権が確保できたといえるでしょう。

仁君としての天皇・皇后

ただし、これで天皇の統治が庶民にまで受け容れられたとは言いきれません。近代の天皇は仁君になれないからです。「天朝ありて無きがごとくなれば、共和政治にても諸色《しょしき》さえ下直《げじき》に相成候《あいなりそうら》えばその方仕合せ」(天皇の政府は何もしてくれない、共和政治でも物価が安くなるならそのほうがしあわせだ)という東海道辺の「雲助《くもすけ》共の説」が、一八七四年のある建白書(鹿児島県士族青柳祐友)に紹介されています。むろん、かれらは共和主義者になったのではなく、貧乏人を助けるのがお上というものだ、と言いたいのでしょう。でも、明治政府は米価引き下げに動きません。徳川様のほうが良かったという声もあちこちからあがっていました。

そうしたなかで、政府は天皇の長期視察旅行(地方巡行)をくりかえします。もともと岩倉具視《とも み》らは、従来の、天皇が人民に顔も見せないような「尊大」な態度をとってきたことが「上下隔絶」の原因であり、西洋の帝王のように直接人民に接して「国内同心合体」に努めねばならない、と主張していました(大久保利通「大坂遷都建白書」一八六八年)。だから、地方巡行には天皇を民衆にアピールすると同時に、近代国家の君主としての自覚を天皇にもたせるねらいもありました。

天皇は政府要人を従えて学校・病院・兵舎などを視察し、田植えや漁で働く庶民に目をとめ、功績ある者を表彰し、老人・被災者などに下賜金を与えたりしながら、各地を巡回しました。地域社会に与えたインパクトは大きく、民権運動の基盤である地域の有力者層を政府側に引き寄せるうえでも効果的でした。天皇の言動や地元の歓迎ぶりは新聞を通して全国に知らされ、天皇自身の自覚も格段に高まりました。ときには費用負担をめぐるトラブルなどもありましたが、巡行がかなりの成果をあげたことはまちがいありません。

また、下賜金は巡行だけでなく大火事・大地震などさまざまな機会に配られ、政府は冷たいが天皇・皇后は慈悲深い、というイメージがしだいにつくられていきました。米価が急上昇した一八九〇年、貧民保護は怠惰心を助長するとして東京市参事会が救護費を否決するや、皇后が毎月三〇〇円を貧窮民のために下賜すると宣言したのはその好例です。華族・高官の夫人らもあわてて寄付を申し出ましたが、このころから、大災害が起きると新聞社のキャンペーンに応えて全国から義援金が寄せられるようになります。せまい地域的なつながりではなく、おなじ国民として自発的に献金する、というのはまさに近代にふさわしい「徳義」のかたちでしょう。天皇・皇后はその先頭に立つことで、自由主義経済に対する弱者の不満をやわらげる役割を果たしはじめます。これらの財源は税金や皇室財産に組み入れた広大な山林や多額の株券からの収益でした。

つまり、「天皇の政府」であるからこそ、天皇と政府を切り離したほうが統治に好都合だったのです。この点でも民権運動は〝貢献〟しました。国会開設を政府は拒絶するが、天皇は率先して五か条の誓文や漸次立憲政体樹立の詔を出したではないか、という論法です。自分たちの正統性を強調するための便法でしたが、天皇はわれわれの味方だと反政府派が唱えた影響は小さくなかったでしょう。

とはいえ、巡行を迎えた民衆の好意的反応には、もの珍しさやお祭りさわぎの気分が濃厚で、畏敬の念が浸透したとまではいいきれません。たとえば、一八九〇年の内国勧業博覧会の開館式では、おおぜいの出品人が制止を無視して煙草をふかし焼き芋などをかじり、天皇が姿を現しても騒がしく、式部官がなんども叫んでようやく脱帽する、といったありさまでした（『朝野《ちょうや》新聞』一八九〇年三月二七日）。「野芝居または寄席なんどを見物に参りたるごとき挙動」であり

「言語道断のふしだら」だ、と記者は憤慨していますが、かれらは優秀な作品の制作者として各地から式典に呼ばれた者で、たんなる群衆ではありません。第一回帝国議会が開かれる年になっても、まだこんな光景がみられました（牧原憲夫「明治後期の民衆と天皇（一）」『東京経済大学人文自然科学論集』一一一）。

もしこのとき、「天皇陛下万歳！」といっせいに声をあげ、天皇が会釈で応えるという演出があったら、雰囲気は一変したでしょう。万歳には人びとの気持ちをひとつにする効能があるからです。しかし、「天皇陛下万歳」は前年二月の帝国憲法発布の日にはじめて登場したもので、まだ広く普及してはおらず、宮内省には天皇の前で大声を出すのは不敬だという意見もありました。そのために「野芝居」になってしまったと思われます。

また、衆議院議員の選挙権は財産をもつ男子だけでした。財産選挙制は資本主義育成のうえでは好都合ですが、貧乏人や女性は完全な客分です。これでは挙国一致はむずかしい。それでも、民衆と天皇のあいだに一体感が生まれ、われわれも天皇の「赤子《せきし》」だと実感できれば、事態はかなり変わるでしょう。この時代に国民統合の象徴になれるのは天皇・皇后だけであり、政府と異なる仁君というイメージや万歳はそのための有力な仕掛けになりました。

調整役としての天皇

天皇と明治政府首脳との関係はどうだったでしょうか。

まず、孝明天皇の急死を受けて即位した明治天皇が一〇代半ばの何も知らない若者だったのは、岩倉具視・大久保利通らにとって幸運でした。もし孝明天皇のような独断的、能動的君主であれば、明治国家建設の過程はもう少しややこしくなったでしょう。「幼い天子をかついで勝手なことをやっている」と非難されても、天皇という存在自体に権威があれば政府にとって充分でした。

ただし、対外関係のうえからも、近代的な君主としての素養や態度は身につけてもらわねばなりません。王政復古直後に大坂遷都を大久保らが主張したのも、因習と女官に囲まれた宮廷から天皇を引きはがすためでした。皇居が東京に移ると、側近に士族が登用され、日本・中国の古典とともに『西国立志編』などの講義も行われました。天皇自身も軍隊の演習に積極的に臨席したり、焼失した皇居の再建を、財政難や人民の生活が苦しいなかで急ぐ必要はない、などと主張するようになります。地方巡行の過密スケジュールにも耐えました。それでも、政策決定は大臣らの言うとおりにするほかありません。飲酒をひかえ学問・政務にもっと関心をもち、ささいなことでカンシャクを起こさないように、と一八七四年に侍従長から注意された背景には、二〇歳を過ぎた天皇の不満があったかもしれません。

天皇が政府のなかで存在感をもつのは、大久保利通の暗殺(七八年)以後です。巡行での知見や側近の元田永孚《もとだながざね》・佐佐木高行らの影響によって欧化政策への批判を強めた明治天皇は、教育や内閣の人事などに口を出すようになります。しかも、強力なリーダーシップを発揮した大久保を失った政府内では、財政、憲法・議会、軍隊など重要問題をめぐって意見が分かれ、天皇の裁定でなんとか混乱を収拾するということがくりかえされました。明治天皇は権力内部の対立を調整し、ときには独自の動きをみせる能動的な君主になりはじめたのです。

さらに、参謀本部設立(七八年)や軍人勅諭(八二年)によって天皇と軍隊を直結させたり、華族令(八四年)によって天皇を支えるあらたな貴族階級を創設するなど、漠然としたシンボルではなく、統治システムの内部に天皇を制度的に組み込む作業が進みます。膨大な皇室財産の設定もその一環でした。これらは自由民権運動や議会開設に対する防波堤として天皇が位置づけられたことを意味しており、西南戦争を境に明治政府の専制が「近代的変革のため」から「権力保持のため」へ転換したことに対応するものでした。

しかしながら、天皇が前面に出れば政治責任を問われる事態も起こりうるし、世襲の君主がつねに英君とはかぎりません。明治政府の首脳は、藩主らの無知や私情に悩まされながら幕末の政治状況を切り開いてきた経験をもち、君主の意思がストレートに政治を動かすことの危険性を熟知しています。だからこそかれらは君主専制を否定し、いずれ「君民同治」の立憲制にするほかないと考えていました。天皇の儒教主義的教育論(『教学聖旨』)を公然と批判するなど、天皇から西洋かぶれと嫌われていた伊藤博文が、八五年末、ようやく内閣制度の創設にこぎつけたとき、憲法・議会を前提にした近代天皇制の枠組みが固まったといえるでしょう。大日本帝国憲法が立憲主義と天皇大権の複合になったのも、当然の帰結でした。なお、福沢諭吉の「帝室論」(八二年)も、国会開設後の「党派政治」から超越した天皇に国民統合や軍隊統御の役割を期待し、皇室財産の拡大を提唱しています。この面でも福沢と伊藤らのあいだに基本的な対立はありませんでした。

万世一系神話の近代性

とはいえ、天皇はたんなる世俗的君主ではありません。日本書紀・古事記に記された創世神話を論拠とした国学や神道に基づく天皇観、すなわち、天皇家は「天照皇大神宮様の御子孫様にて、この世の始めより日本の主」(「奥羽人民告諭」一八六九年)であり、その一族が一貫して君臨しつづける日本は神の国である、といった主張が幕末には地域指導者層にまで流布していました。

こうした「万世一系」を正統性の根拠とする君主論は、徳治を規範とする儒教の易姓革命論、すなわち、君主が徳や仁を失えば「天」に見放され革命(王朝交代)に至る、という考え方とは相容れません。そのため、江戸時代の儒者のなかには、親子兄弟で殺し合っても「一姓(一族)にて天下を有《たも》つ」ことができたと胸を張るような君主論は道義に反する、と批判する者もいました(佐藤直方「中国論集」)。しかし、天(天照大神)と君主が血統で直結していれば「革命」は起こりえず、仁政を否定し人民を戦争にかりだしても君主権はゆるぎません。「万世一系」はむしろ近代にこそ〝適合的〟な君主論であり、先述の下賜金はその本質を粉飾するものと言えるでしょう。

この天皇観はまた、仏教や儒教は外来思想であり、日本古来の宗教である神道に復古すべきだという主張ともつながっていました。寺請制がしかれた江戸時代は神社・神官も寺院の管理下にあり、教義のうえでも、天照大神は大日如来の化身であるといった神仏混淆論が優勢でした。ところが、明治維新で立場が逆転します。神社は寺院から分離独立し、皇室の祭祀から仏教色が排除されます。さらに、平田派国学や水戸学などの復古神道派は寺院・仏像などの破棄にまで突き進みました。たとえば、奈良公園は興福寺の境内にあった多数の堂宇を破壊した跡地ですし、身近なところでは、頭をとられたり顔を削られたお地蔵様の多くもこのときの被害者です。王政復古は神道原理主義による宗教革命でもあったのです。さらに、神功皇后による「三韓征伐」で朝鮮を従属させたという『日本書紀』の神話的記述を根拠に、復古としての「征韓」を唱える者もいました。

しかし、庶民のつよい反発や仏教勢力の反撃、知識人の宗教自由論、西洋諸国のキリスト教解禁要求などに押されて神道の国教化は挫折し、一八七五年には信教の自由が認められます。また、霊魂の存在を信じる復古神道派や出雲大社系の神官は、死後の世界を司る大国主神を天照大神とともに宮中に祀るべきだと主張していましたが、この「祭神論争」(八一年)でも伊勢神宮派に敗れ、民衆宗教などと同列の教派神道に格下げされました。結局、維新をイデオロギー面で支えた復古神道派は、近代天皇制の中核から排除されてしまうのです。

そして、神道は人の生死・霊魂にかかわる宗教ではなく国家の祭祀であり、天皇への服従こそが神道の真髄である、という国家神道が公定イデオロギーになります。大日本帝国憲法が「万世一系の天皇」に統治権があると明記し、教育勅語が「我が皇祖皇宗の遺訓」つまり天照大神・神武天皇や歴代天皇の教えを忠実に守れと要求したのはそのあらわれです。また、伊勢神宮から地域の社《やしろ》にいたる神社の序列体系が整えられるとともに、一九〇〇年には神社行政が一般宗教行政から分離され、〇七年には不敬罪が伊勢神宮などにまで拡大されました。

だからといって、天皇が宗教と無縁になったわけではありません。この世界をだれがどのように創り出したかという創世神話は、宗教の根幹にかかわるテーマです。天皇神話や万世一系が「信じない自由」を含む宗教ではなく、不可侵の国家原理になってしまえば、宗教の根源を天皇制国家がにぎることになり、考古学・歴史学などの学問研究も制約されます。それだけではありません。現在でも、戦死者・遺族の信仰を無視した靖国神社の合祀が個人の尊厳に対する侵害だと意識されないのは、「神道は宗教にあらず」という論法が〝魔力〟を失っていないからではないでしょうか。さらに、「万世一系」に日本の優越性を見出す論理は、「日本固有の文化」なるものの根底に天皇をすえる発想をも生み出しました。

過渡期としての明治後期

こうして、大日本帝国憲法を中心に近代的国家制度の確立をみた一八九〇年前後に、国家神道の枠組みや国民統合の要としての天皇の役割も明確になります。近代の天皇はそれ以前と異質な存在であり、短期間に西欧から認知されるような近代国家を建設するために、あるときは西欧化の擁護・推進役として、あるときは権力維持のための調整弁や防御壁として、あたらしく創り出されたものでした。

民衆との関係でいえば、日清戦争(一八九四〜九五年)の勝利が一気に天皇の権威を高め、国民意識の浸透をもたらしました。「天皇陛下万歳」「大日本帝国万歳」の声がひびきわたり、「野蛮な中国・朝鮮、文明国日本」という優越意識が高まるとともに、貧しい小作人の息子でも戦死となれば盛大に村葬が営まれて、兵役・戦死が名誉であることを人びとに実感させました。

しかし、これらは近代天皇制の枠組みの成立とその基本的な受容を示すにすぎません。たとえば、教育勅語や御真影の影響はまだ限定的でした。御真影の配布は官立・府県立学校や高等小学校などに限られ、尋常小学校の下付申請が認められたのは一九一〇年代であり、府県によって普及率にも差がありました（籠谷次郎『近代日本における教育と国家の思想』阿吽社、一九九四年）。

教育勅語についても、内村鑑三「不敬」事件のような出来事があった反面、内村を批判した井上哲次郎の『勅語衍義』は、異論続出で公定注釈書と認められずに終わりました。また、日清戦争後に文相を務めた西園寺《さいおんじ》公望《きんもち》は、偏狭な自国中心主義ではなく西欧文明国にも通用する内容に改定しようとしました。教育勅語の権威もまだ不安定だったのです。

さらに、雑誌の口絵や新聞の特別号などには、一九〇〇年に結婚した皇太子夫妻や子どもたちの写真がたびたび掲載され、天皇夫妻をふくめた集合写真も登場しました。これらは個別の写真や肖像画を一家団欒《だんらん》風にアレンジしたものですが、超越的な権威としてではなく、近代家族のモデルとして天皇一家を受けとめようとする風潮すら生まれていたのです（皇太子の実母柳原愛子《なるこ》は登場しません）。

ただし、その一方では、国定歴史教科書が一四世紀の「建武の新政」に続く南朝・北朝の並存を客観的に記述したことに対して、新聞や議会から、後醍醐天皇に反旗をひるがえした足利尊氏《たかうじ》を容認し「皇統一系を精華とする我が国体」を損なうものだ、といった非難が浴びせられ、ついには明治天皇自身が、自らは尊氏の擁立した北朝系だが南朝こそ正統であると認めさせられるという出来事もありました(一九一一年)。

また、津波や火事から御真影・教育勅語を守ろうとした教員が死傷したり、回送中のお召し列車の脱線で鉄道員が自殺する事件も起きました。かれらを賞賛する声が高まる一方で、死ぬ必要はないという意見も出て論争になったところは昭和期と違いますが、鉄道員に同情した天皇が祭祀料を出したことで、自殺を当然視する雰囲気が逆に強まったように思われます。これ以後、関東大震災・空襲などの際に御真影を守ろうとして三〇名ちかい「殉職」者が出ました。

政府と天皇の関係はどうなったでしょうか。議会が開かれてみると、政府は予算審議権を盾にした民党(旧民権派の政党)の攻勢に苦しみ、伊藤や山県有朋《やまがたありとも》が首相になるのを嫌がることさえありました。となれば、天皇が乗り出すほかありません。一八九二年の総選挙では、民党派議員を落とすために選挙干渉の資金まで提供しました。その後も、天皇の詔勅や「思し召し」を使って、衆議院やときには貴族院・軍部などの異論を抑えることがくりかえされました。

政治的危機が深まった際に君主が積極的に動くことは西欧の立憲君主国にもみられました。しかし、日本の場合は、議院内閣制を採用しなかったため、議会と政府の関係が不安定なうえに首相の権限もあいまいで、軍部が大臣を出さなければ内閣がつくれないといった制度的弱点をかかえていました。天皇主権を守るために、憲法で議会・内閣の権限を制限したからです。

それでも、明治天皇が一定の政治的力量を身につけ、しかも、憲法をつくったのは伊藤ではなく自分だという強い自負をもっていたために、議会制が停止されることはありませんでした。欽定憲法は非民主的ですが、欽定ゆえに廃止されないという一面もあったのです。

そうしたなかで、一八九八年、旧改進党系と旧自由党系が合同した憲政党の内閣が成立します。天皇の奮闘にもかかわらず、政党・議会を無視した超然主義は一〇年と維持できなかったわけです。ところが、尾崎行雄文相の演説が不敬だと非難される事件が起こると、天皇が動き、大隈重信首相の人事政策に不満だった板垣退助ら自由党系も弾劾の側にまわって、内閣は半年でつぶれます。「不敬」を口実に対立党派を攻撃する手法は、幕末以来の常套手段ですが、政府側のみならず反政府側も天皇を利用すれば、天皇の権威はせりあがっていきます。昭和期に政党政治が自滅する要因のひとつはここにありました。

以上、断片的な事例の紹介にすぎませんが、明治後期の天皇(制)をめぐる状況はなお流動的でありながらも、天皇の権威はしだいに高まっていったと言えるでしょう。

防御のシステムとしての天皇制

ところが、大正期には一転して、天皇の存在自体が影の薄いものになりました。しかも、一九一八年の米騒動では、「避暑地より　三百万円の御下賜　ああ有り難し」(『法治国』一九一八年九月)と皮肉られたり、警察署長が「御下賜金があったによって、汝等《なんじ》は鎮まるべし」と群衆に命じると、ひどい悪口が返ってくるといった事態が生まれます。この事件を国会でとりあげた斎藤隆夫は、本来「国家の経費」でやるべきことを下賜金に頼るのは「国民の思想」に悪影響を与える、と政府を批判しました(『帝国議会衆議院議事速記録』一九一九年一月二二日)。弱肉強食の社会を下賜金でごまかせる時代ではなくなってきたのです。

実際、一九二〇年代にはいると、米穀法・借地借家法・労働争議調停法・公設市場といった社会政策が採用されはじめます。しかも、美濃部達吉の天皇機関説を非難した上杉慎吉は、制限選挙制が「億兆一心の大理想」(天皇との一体化による挙国一致)を阻害するなら、すみやかに普通選挙を実施すべきだと言い出します(『国体精華乃発揚』一九一九年)。

さらに、内村鑑三の「不敬」を批判した井上哲次郎までが、天皇による統治の根拠とされる天照大神の「神勅」は「仁政を施せという命令」と考えるべきで、「我が国体といえども国民の進化発展と矛盾」してはならない(『我が国体と国民道徳』一九二五年)、と公言するようになります。

なぜこんなことになったのか。第一次世界大戦とロシア革命は、今後の戦争が国家の存亡に直結する総力戦にならざるを得ないこと、そして、挙国一致に失敗すれば王制が崩壊し、社会主義革命が起こりうることを世界に示しました。米騒動自体はかつての仁政・徳義要求に類するものでしたが、日本でも革命が起きかねないことを実感させました。やがて労働・農民運動がさかんになり無産政党も登場します。だからこそ、上杉や井上は〝転向〟せざるを得なかったのでしょう。自由放任経済と制限選挙制の時代を「近代前期」とすれば、社会政策・普通選挙制の「近代後期」への転換がはじまり、天皇制の根拠にまでその影響はおよんだのです。

井上哲次郎はまた、神話伝説は歴史的事実ではない、天皇家が受け継いできた三種の神器のうち現在の鏡と剣は模造品である、といったことを以前から東京帝国大学の講義で述べていました(森川輝紀『国民道徳論の道』三元社、二〇〇三年)。これらは天皇機関説とともに国家エリートにとってはいわば常識ともいえる事柄であり、総力戦を戦い抜くには民衆の政治参加と最低限の生活保障が不可欠だという認識ともつながっていました。

しかし、他方では、生活格差の拡大に対する不満や〝享楽的〟な消費文化への反感から、農本主義・国粋主義・宗教的急進主義などの運動も活発になります。そのなかには天皇が救世主になることを望むようなものもありました。

こうしたなかで、男子普通選挙法と同時に、私有財産制と天皇制の護持を命じた治安維持法が公布されます。仁政重視の井上説も、「我が堂々たる神州を以《もっ》て、〔儒教的な〕易姓革命の国家と同一視せるもの」だ(『日本及日本人』一九二六年一〇月)、と右翼やメディアから非難され、政府は『我が国体と国民道徳』の発禁処分を余儀なくされました。そして、天皇の超越的な権威をふりかざすことによって、国家秩序や国策に違和を示す言動を徹底して抑え込もうとする動きが強まるとともに、住民のあいだに相互監視のひそやかな網の目がひろがり、一八九〇年前後に成立した制度の実体化、すなわち、「何かに対する警戒と恐怖の前もってする一種の予防体制」(林達夫・久野収『思想のドラマトゥルギー』平凡社、一九七四年)である、という近代天皇制の〝本領〟が発揮されていくことになります。

第2巻は一八八〇年代を中心に国民国家・競争社会・近代天皇制の枠組みがどのように形成されたかを追ったものでした。もとより、歴史の流れは一本調子ではなく、制度と実態のあいだにも幾重にも折り重なったズレがあって、その複雑さにこそ歴史研究のおもしろさがあると言ってよいでしょう。天皇制についても同様ですが、見過ごせないのは、内村鑑三や井上哲次郎の事件のように、「不敬だ」という非難が在野から発せられたことも少なくなかったことです。明治から昭和にいたる近代天皇制の「発展」を展望したとき、「不敬」の怒声にたじろがないためには何が大切かをあらためて考えさせられます。

＊引用文は読みやすさを優先し、送りがなをつけたり、部分的に口語訳したところがある。

お薦めの五冊

① イザベラ・バード、時岡敬子訳『イザベラ・バードの日本紀行』上・下（講談社学術文庫、二〇〇八年）

一八七八年に来日したイギリス人女性の旅行記。東京・京都・伊勢などにとどまらず、日光・新潟から東北・北海道にいたる山村やアイヌの生活を、「文明人」の目で観察しながら、しだいに住民の心性に共感するようになる。外国人の見聞記は当時の庶民の姿を具体的に知ることのできる貴重な史料だが、そのなかでも第一級の作品。

② ひろたまさき『差別からみる日本の歴史』（解放出版社、二〇〇八年）

第2巻では充分に取り上げられなかった「差別」をめぐる諸問題を、近世・近代を中心に古代から現代にいたる長い時間の流れのなかに位置づけ、わかりやすく論じる。被差別部落、女性・芸妓、病者、さらにはアイヌ・琉球・朝鮮・中国などの「他者」に対する蔑視と排除、その根源にあるものを歴史的に考えるための一冊。

③福沢諭吉『学問のすゝめ』（岩波文庫、一九七八年）

明治初年の人びとに圧倒的な影響力を与えた古典であり、冒頭の一節はあまりに有名だが、「平等」よりも「国民」をキイワードにしてぜひ読み返していただきたい。明治の国家的課題とはいかなるもの（と認識されていた）か、近代とはどのような時代か、といったことを再検討するために。

④安丸良夫『近代天皇像の形成』（岩波書店、一九九二年。のちに岩波現代文庫）

近世から近代への転換期に生まれた危機意識や、民衆的コスモロジーの深みにまで思索をめぐらしながら、「民俗」と「秩序」とのせめぎ合いを軸に、天皇を超越的な権威として受け容れる「幻想」の形成過程を思想史的に明らかにした作品。近代天皇制論の基本文献のひとつ。

⑤吉村昭『赤い人』（筑摩書房、一九七七年。のちに講談社文庫）

一八八一年に建設された北海道の樺戸《かばと》集治監（監獄）に、「内地」から兇悪事件や士族反乱・政治運動などで重罪を宣告された囚人が送り込まれ、赤い服を着せられて開拓・道路工事・鉱山で酷使された。綿密な調査をもとにしながら、北海道開拓史や明治国家のどす黒い一面をまざまざと描き出した、吉村昭ならではの歴史文学。

第3章　日清・日露戦争は日本の何を変えたのか

原田敬一

福沢諭吉の悩み

一九世紀半ば、日本の知識人たちが最も悩んだことの一つは、society の訳語でした。福沢諭吉《ゆきち》も悩んだあげく、J・S・ミル著、中村正直《まさなお》訳『自由之理《ことわり》』（一八七二年刊）で使われていた「政府」「仲間」「世俗」などと決別して、新造語の「社会」を『学問のすすめ』第一七編（一八七六年）で使い始めます（柳父章『翻訳語成立事情』岩波新書、一九八二年）。

幕末以来、欧米事情を伝えるために、オランダ語や英語などの欧米語文献を読解し、日本人にも理解できる言葉と文章にまとめることが、幕末から明治の知識人である福沢や西周《にしあまね》、加藤弘之たちの大きな仕事でした。

それまで数百年というもの、欧米語文献は、明や清の知識人が東アジアの広域共通語である漢字古典語に翻訳し(村田雄二郎「漢字圏の言語」、村田雄二郎・C・ラマール編『漢字圏の近代』東京大学出版会、二〇〇五年)、そうした最新の翻訳書が長崎経由で輸入され、読み解いていました。つまり、儒学と同じ学び方が、続いていたのです。文明の注ぎ口は、ヨーロッパ文明についても、やはり中国でした。一八世紀後半に、前野良沢《りょうたく》、杉田玄白《げんぱく》、中川淳庵《じゅんあん》たちが悩んだ解剖書『ターヘル・アナトミア』の翻訳は、技術書だったから可能となりますが、思想や社会科学の書物を翻訳するのは、東アジアに類似の実態や概念がなければ、非常に困難でした。このことは、欧米以外の世界に共通する弱点であり、超えるのが難しい壁でもありました。

漢字で構成する漢字古典語が、(ベトナムを加えた)東アジアで共通語であったことの意味は、一九世紀を考える上で重要です。欧米語によってもたらされる「新知識」を、漢字熟語の応用で共通認識とすることが、東アジアでは可能だったのです。キリスト教用語である「福音」や「洗礼」などは中国で翻訳され、東アジアに通用した言葉でした。貿易などで使うピジン言語(使用を目的に原型の崩れた言語)としての英語の流通ではなく、文章英語(欧米語)を漢字熟語に苦労して翻訳したことにより、東アジアの近代が形づくられたと言えるのです。

日本が新造語したもの(清では「東語」と言いました)が東アジアで盛んに流通することに対し、清の知識人には独自の造語で対抗しようとするナショナリズム運動もおきました(黄克武「新語戦争――清末の厳復訳語と和製漢語との争い」、貴志俊彦・谷垣真理子・深町英夫編『模索する近代日中関係——対話と競存の時代』東京大学出版会、二〇〇九年）。その一人、厳復《げんふく》は、society に「群」をあてる提案をしましたが、日本から入ってきた新造語の「社会」に圧倒されました。

つまり、一九世紀のアジアには、「新知識」の提供者は誰なのかをめぐる「文化競争」もあったのです。中国ではやがて、日本の新造語群に中国の新造語を加え、全体を「新名詞」や「新語」と呼ぶようになります。

明治維新を迎えた日本には、society にあてはまる実態も概念もありませんでした。では、society の実態は、いつどのようにして生まれたのでしょうか。本シリーズ第3巻『日清・日露戦争』では、日清戦争をその契機だと考えました。第3巻では不十分だったところを中心に、もう少し補いながら、まずはそのことについて考えてみます。

日清戦争が生みだしたマスメディア社会

日清戦争（一八九四〜九五年）は、合計三〇万人の日本人兵士と軍夫を外国の戦場に送り出し、日本人二万名、中国人三万名以上、朝鮮人三万名以上、合計八万名以上が命を失う、近代アジア最初の大戦争でした（原田敬一『日清戦争』吉川弘文館、二〇〇八年）。三〇万人もの日本人が朝鮮と中国に押し掛け、彷徨し、「交流」した戦いにより、多くの人命を失ったという衝撃は、アジア全体を包みます。この衝撃の中で、日本は「国民」を生みだし、中国と朝鮮は「国民」

を生みだすための西欧的近代化の必要を知ることになります。

日清戦争の報道により日本全国に「戦争熱」が生みだされ、一つの「戦争」状況に参加することによって一体感が醸し出されました。そして、「客分《きゃくぶん》」としての意識しかなかった民衆が、「国民」という意識をもつようになったのです。明治維新とその後の二十数年の近代化は、まだ「国民」を生みだしていませんでした。日清戦争に前線と銃後で参加することによって初めて、民衆は「外国」という他者を直接間接に知り、逆に自らは誰であるのかを問い、「国」をあげての大事業に参加する自らを意識化することにより、主体としての「国民」が生まれたのです。「国民」を生みだす道具として活用された一つがマスメディアでした。

最初に登場したマスメディアである「新聞」という形式が、欧米社会の必需品だという認識は、江戸時代後半の幕府などにありました。しかし一八六一年に長崎で発行された英字新聞『ナガサキ・シッピング・リスト・アンド・アドバタイザー』は、入港する欧米船の積荷リスト一覧にすぎず、また、幕府の刊行した『官板《かんぱん》バタビヤ新聞』(一八六二年)などのいわゆる「官板海外新聞」は、バタヴィア(ジャカルタの旧名)のオランダ政庁発行機関紙の翻訳であり、いずれも少部数の情報誌として始まりました。言論をたたかわす近代新聞ではなかったのです。幕末の政治情勢は、情報を広く早く集めることを求め、「瓦版」から「新聞」への道を掃き清めていました(宮地正人「風説留から見た幕末社会の特質――「公論」世界の端緒的成立」『思想』八三一号、一九九三年九月)。

日本の近代新聞は、明治維新後に政論を発表する大新聞《おおしんぶん》として出発しました。さらに、社会記事などの雑報を掲載する小新聞《こしんぶん》も盛んに発行されるようになります。日清戦争により、大新聞・小新聞ともに、戦場と戦争の情報を熱心に伝えて、「報道」を競うように変化していきました。いかに早く多くの人びとに情報を伝えるのかという課題が、新聞界に重要になると、自社の海外特派員や、ロイターなど欧米通信機関の必要性が高まり、高速度の輪転機も導入されて、「早く、多く」の情報伝達が求められます。

もう一つの媒体である「雑誌」も、近代初頭から続々と刊行されていました。『国民之友』(一八八七〜九八年、民友社)は政治論など論説を多く掲載し、論争を巻き起こしていましたが、それとは異なった形の雑誌が、日清戦争を機に登場します。それは『日清戦争実記』です。この雑誌は、戦争のあれこれを民衆に詳しく具体的に伝えるという役割をもち、新聞がいち早く伝える断片的な「情報」とは異なったものを大部数で広げていきます。

さらに、『日清戦争実記』で経営的成功をおさめた博文館が、一八九五年一月、月刊総合雑誌『太陽』を発行し、創刊号は二八万部も発刊され記録をつくります。政治や社会についての評論や文芸作品だけでなく、農業・商業・工業の最新技術や知識、家庭生活の蘊蓄《うんちく》なども含む多様な情報を広く伝える『太陽』の登場は、日清戦後の新聞と同じように、幅広い情報誌としての歴史が始まったことを意味します。『太陽』の創刊後三年で『国民之友』が廃刊となるのは、人びとが必要としていたのはどちらなのかという意味でも象徴的です。こうして日清戦争をきっかけに、媒体からの一方向的でしかない情報が、民衆生活にとって不可欠になるという「マスメディア社会」が生まれたと考えられます。

「マスメディア社会」の成立は、文筆を生業とする人びとを大量に生み、再生産していきます。彼らも、日清戦争報道の中で、多くの人びとに何を伝えるのかという自覚を強め、ジャーナリストから作家への道を歩み始めるのです。日清戦後の書き手は、戦争を契機にして人びとの中に出て行きました。

それまで文筆家たちは、師匠に弟子入りし、育ててもらう江戸時代の芸能民や職人と同じ育成方法がとられていました。それが、マスメディアに書くことを競争する育成方法に変わり、尾崎紅葉ら文芸師匠を自認していた人びとの役割を終わらせます。競合する作家からなる「文壇社会」が、「マスメディア社会」を支える集団として登場するのです。

「マスメディア社会」と「国民」の成立は、「政論状況」を「政治社会」に変身させました。「政論状況」は、密室での政治決定に対して、民権派の公然とした議論を求めるものでした。それをさらに、民衆環視の下での政策議論と政策決定を求める、新しい「政治社会」へと激変させたのです。民権時代の党派ごとの大新聞に対し、枢密院書記官長伊東巳代治《みよじ》が経営する

『東京日日新聞』や、立憲政友会所属の代議士である大岡育造《いくぞう》が経営する『中央新聞』などが、政府要人や政府系情報を伝えて対抗します。こうした「情報競争」により、「国民」世論を形成し、オープンで公的な議論を経て政治決定に持ち込む技倆《ぎりょう》を競い合う「政治社会」が誕生したのです。一対一の交渉能力ではなく、集団の中で議論し、賛同を得てリーダーとなり実現していく政治家、政党人が求められる時代となりました。議場や有権者、より広く民衆やマスメディアに何を語るのかが、政治家の大きさを測る物差しになる時代が現れたのです。

社会に必要な人材育成へ

政治の場が拡大したことだけではなく、いっそう大きくは日清戦後の産業発展により、経済的人材が広く求められるようになります。民権時代のように政治に過熱する「政治青年」から、「黄金《おうごん》黄金と呼び、金儲け金儲け」と叫ぶ「実業青年」(『国民之友』三二〇号、一八九六年八月)への転身が求められるようになりました。「読み書き算盤《そろばん》」がリテラシーであった江戸時代から一九世紀半ばまでとは異なり、日清戦後は、より具体的な要請に応えた人材輩出が必要となってきます。

そこから、具体的な要請を実現しつつ、次を見越した養成課程をも含む「学歴」重視の「学歴社会」が誕生しました。中学校や実業学校、女学校などの中等学校の整備が、日清戦後に進むことも「学歴社会」の大きな要素でした。一八九四年に尋常中学校入学資格が高等小学校第二学年修了となり、小学校―尋常中学校が直結し、専門学校や高等学校、各種軍学校などへと、一つ一つの段階を踏むことが義務となります。

夏目漱石『三四郎』の冒頭場面は、熊本の第五高等学校から東京の帝国大学へ入学する新入生の思いを記しています。一八九四年の高等学校令により、高等学校が大学入学のための予科を設けることになり、高等学校―帝国大学という学歴階梯も示されたことを反映しています。日清戦争前の実業学校は、定員を確保するのが難しかったのですが、日清戦後は定員が埋まるのが普通になり、一高(現在の東京大学教養学部)を上回る高い競争倍率の東京高等商業学校(現在の一橋大学)のような学校が現れ始めます(E・H・キンモンス『立身出世の社会史――サムライからサラリーマンへ』玉川大学出版部、一九九五年)。

日清戦争を含む一八九一年からの五年間と、以後の一八九六年からの五年間で、帝国大学・官立公立私立の専門諸学校卒業生は、一万一四六〇人と一万二八八四人で、ほぼ同じですが(天野郁夫『大学の誕生』上、中公新書、二〇〇九年)、在学生は大幅に増えたと推定されます。後者の七〇%は、法律・政治・経済分野の私立専門学校卒業生で、実業界へと押し出ていきました。さらに私立法学系専門学校の多くは、出版された「講義録」を各地で学ぶ校外生を、校内生(正規生)の五倍以上入学させていて、東京・大阪の本校以外でも高等教育を伝える努力が、人材養成の要求に応えて実現されていました。その後長く続く私学の時代ともいうべき高学歴人材養成状況が、日清戦後にはもう現れています。

社会の内と外

一八九四年に条約改正が実現されます。不平等条約が次々と改定され、日英通商航海条約など新条約が締結されました(一八九九年施行)。このことは、治外法権により守られる、日本国内の「外国」を、日本という領土から解消することだけを意味したのではありません。治外法権廃止により、外国人が日本のどこにでも居住し、商売をし、働くことができる(「内地雑居」)ことになり、強力な経済的競争者としての外国人商人や、有効な労働力としてのアジア人労働者の大量流入が予想されました。

それを想定して、一八九七年に「労働組合期成会」が結成されます。日本人労働者の生活と権利を守るための運動の射程には、安価なアジア人労働力への対処が含まれていたのです。近代日本における労働運動の始まりは、アジアを意識し、国民国家の枠を維持しようとする運動の意味も持っていました。その段階での労働運動の開始も、資本家との対立を深め、弾圧がしだいに強くなり、ここでも「社会」の矛盾が広がっていくことになります。

一八九五年の台湾獲得により、本土以外にもう一つの日本である「外地社会」が誕生します。

教育や就職、就業の機会が、内地以外にも現れ、宗主国である日本の民衆を引きつけていきます。「外地社会」に設置された各種の高等教育機関（京城帝国大学、台北帝国大学、旅順工科大学など）は、本来の住民を教育するためだけでなく、移住した日本人子弟の教育をも目標としていました。日清・日露戦争を経て、台湾・南樺太・朝鮮という「外地社会」が獲得され、そこをステップに、さらに外国である中国にも日本企業や日本人は進出していきました。そこでは、低賃金で工場経営を進め、中国人との矛盾を深めていくことになります。「外地社会」の成立に見られるように、島国国家日本は、大陸帝国日本へと変身し、「外地社会」は中国やシベリアなど大陸への日本人進出の窓口となります。ヨーロッパの強国が形成していた帝国主義の国際体制に、近代日本も加わったのです。

　中国の民衆は、アヘン戦争以来の侵略を進める西洋人を「鬼子《グイツ》」や「洋鬼子《ヤングイツ》」と呼んでいましたが、日清戦争から「仮鬼子《キヤグイツー》」（西洋人＝「鬼子」のまねをする日本人）、「東洋鬼子《トンヤングイツ》」（東洋は日本のこと）や「日本鬼子《リーベングイツ》」の名称が登場し、十五年戦争期から「鬼子」は日本兵や日本人だけに使われるようになりました（武田雅哉『〈鬼子《グイツ》〉たちの肖像――中国人が描いた日本人』中公新書、二〇〇五年）。

日露戦争が生んだ軍事的社会

では、日清戦争から一〇年後に起きた日露戦争(一九〇四〜〇五年)は、社会にどのような変化を生んだのでしょうか。一言でいえば、列強と並ぶ帝国主義の世界体制を維持する軍事的色彩の濃い社会へと変貌させたと言えるでしょう。

戦後二年たった秋、一九〇六年一〇月に元老山県有朋《やまがたありとも》は、「帝国国防方針案」を明治天皇に上奏しました。日露戦後の日本の国防構想を、側近の田中義一《ぎいち》歩兵少佐に起草させたもので、正規の手続きを踏まず、まだ私案でしかありませんでした。天皇は、これを参謀本部と海軍軍令部に下げ渡し、検討を求めます。私案は、軍事官僚組織の検討により公的性格を帯びることになりました。両部は検討の後に上奏、さらに天皇は、陸海軍の長老組織であり、自らの最高軍事顧問組織である元帥府《げんすいふ》に検討を求めます。

一九〇七年四月一九日、元帥府会議は、下げ渡された「日本帝国ノ国防方針」「国防ニ要スル兵力」「帝国軍ノ用兵綱領」のすべてを「至当ノ策」と認定し、上奏しました。ここに、統帥の最高責任者である天皇が承認した軍事方針として確定します。統帥に関わらない統治機関である政府の責任者、西園寺公望《さいおんじきんもち》首相には、その後の閲覧のみが許されただけで、他の閣僚には通知すらありませんでした(大江志乃夫『統帥権』日本評論社、一九八三年)。

「日本帝国ノ国防方針」は、統帥権の独立を理由として、外務省の検討や閣議を経ることなく、日本の仮想敵国(ロシアとアメリカ、ドイツ、フランス)が想定され、それと戦うための「国防ニ要スル兵力」も定められています。西園寺は何も書き残していませんが、将来の軍備方針として捉え、経済・財政力の範囲で実現していけばよい、と楽観視したのではないかと推測されます。しかし、これらの軍事方針は、立案を担当した軍部にとっては至高の基本方針（部外秘）となり、政治に介入する大きな根拠となっていきます。

同年九月一二日、陸軍省は「軍令第一号」を制定し、統帥に関して天皇の裁決（勅定）を経た命令を「軍令」とすると自己規定しました。勅令などでまず「軍令」規定を行うという通常の手続きではなく、異常な制定の仕方ですが、政府も規定違反という声を上げていません（岩井忠熊「帝国憲法体制の崩壊――内閣官制・公式令・軍令をめぐって」同編『近代日本社会と天皇制』柏書房、一九八八年）。その後、軍部の政治的進出はさらに進み、政党との対立を深めていきます。

そして、第一次護憲運動などがおきて、政党政治への要求が強まり、一九一〇年代には軍縮を求める運動も始まります（成田龍一『大正デモクラシー』本シリーズ第4巻）。

町や村では、戦没者を追悼する忠魂碑が、内務省の一町村一基指示など建設自粛策にかかわらず、広がっていきました。忠魂碑は、戦争を支える兵士たちを生みだす「ムラの靖国」の役割を果たすと同時に、人びとに「戦争の記憶」を刻む装置となることが、建碑を推進した人びとの思いではなかったでしょうか。

都市化を可能にした条件とは

軍事色だけが日露戦後社会の彩りではありません。一九二〇年代には、都市の人口が急増し、「都市化の時代」と呼ばれます。

それを可能にしたのは、金融環境の変化でした。日露戦後に許可されるようになった、国債以外の外債導入がその中心です。近代日本は、鉄道と秩禄処分の原資として三四〇万ポンドの外債をおこした（一八七〇年と一八七三年）のを例外として、外債非募債主義を貫いていましたが、軍拡による財政難から日清戦後に方針が転換されます。一八九八年に一〇〇〇万ポンドの英貨外債発行（国家財政補塡）を皮切りに、日露戦後になると、戦費調達のための外債償還原資としての外債も募集されるようになります。

さらに日露戦後不況もあり、国内金融市場で資金調達が不可能になると、関西鉄道会社九七六万円（一九〇五年）、東京市債一四五八万円（一九〇六年）、満鉄社債一億三六六七万円（一九〇七～一一年）、大阪市債三〇二二万円（一九〇九年）、京都市債一七五五万円（同年）など続々と地方自治体や企業の外債発行も認められていきます（高橋誠『明治財政史研究』青木書店、一九六四年）。これらによって、上下水道や市内電車などのインフラ整備が進み、地域拠点としての都市の拡大と成長が可能となりました。

しかし、外債発行は金融強国でもある欧米諸列強への借金です。それへの利子支払いや新たな外資導入などが一九三〇年代まで続き、欧米金融資本と切り離せない日本経済界へと変身したのです。日露戦後も、貿易赤字が続いた日本は、一九一三年には正貨(金貨)危機が深刻な状況となり、正貨兌換中止、つまり金本位制崩壊の危機が日本銀行総裁三島弥太郎の手帳にさえ記される事態となりました(石井寛治『日本の産業革命――日清・日露戦争から考える』朝日選書、一九九七年)。

坂の上に浮かんでいると思われた未来は、戦争と近隣諸国との緊張関係から生みだされていき、破綻がしだいに見えてきました。その典型が国家財政です。一八八〇年代から一九〇〇年代まで二〇年以上推進された軍備拡大と、一〇年間に三度行われた戦争(日清戦争、義和団事件、日露戦争)の結果、国庫の正貨準備は枯渇し、国民は増税・国債と不況で疲弊の極にありました。これを救ったのが第一次世界大戦でした。戦争でアジア輸出ができなくなった欧米資本の間隙を縫って、アジア市場へ大挙出て行ったのが日本資本主義であったことはよく知られています。一八九〇年代の内政の危機(「初期議会」)はアジアとの戦争で乗り超え、一九一〇年代の危機はヨーロッパやアジアなど世界の犠牲で乗り切られたのです。

「五〇年戦争」の中の日清戦争

人びとが有機的に結びつき、生活と労働をくりひろげるのは、人類が誕生して以来のことです。しかし、封建制までの有機的連関は、支配−被支配の枠組みと身分制の中にあり、それらを超えての新しい結びつきは、不可能でした。日本の場合、アヘン戦争などの東アジアの激動や明治維新という政治的変動が、近代国家への道をたどらせることになります。「国民国家」というのは、フランス革命以降の幻想ですが、それに囚われながら日本近代は始まります。

日本という「国民国家」の戦争は、アジアとの五〇年にわたる戦争でした。最後に戦うことになった一九四一年一二月からの対英米戦も、一九三七年以来の日中戦争を解決するための条件作りが目標です。それまでの日本戦争史が示してきたパターンである、敵国＝英米の降伏を追求し、有利な講和条件を得るなどの意志はなく、「大東亜共栄圏」というスローガンにあるように、英米をアジアから排除し、日本が盟主となった勢力圏を造る、ということのみを求めたのです。そういう意味では「変則的な戦争」でした。

一八七四年の台湾出兵は、近代日本最初の海外派兵ですが、この出兵の成果を継続して維持・拡大するための意志や軍事力はありませんでした。日本国家が継続的な戦争意志を持つのは、日清戦争以後のことです。大陸に確保した利権や植民地を維持・拡大することが、アジア・太平洋戦争まで続く日本国家の目標となります。

甲午《こうご》農民戦争が日本の朝鮮出兵の原因とされるのは、伊藤博文首相や陸奥《むつ》宗光《むねみつ》外相ら日本政府が創った「大義名分」、つまり口実にすぎません。一八九四年六月初旬に日本が、単独で戦闘が可能な混成旅団(歩兵一旅団に砲兵・騎兵・工兵を含む約八〇〇〇名)を派兵してみると、農民軍は自主退去しており、鎮圧の必要は消えていました。それでも日本は、出兵による成果を求めて、朝鮮の内政改革を朝鮮政府と清国政府に強談判《こわだんぱん》で求めました。内政干渉だとして両国が認めないのは当然です。それを受けて朝鮮国との間に七月二三日戦争(王宮の武力占領により国王高宗《コジョン》を虜にし、大院君《テウォングン》政権をたて、開戦の口実をつくる)を起こし、豊島《プンド》沖海戦、成歓《ソンファン》の戦いへと日清戦争に入っていきます。

日清戦争を戦いながら、もう一つの日清戦争である、第二次農民戦争殲滅《せんめつ》作戦を遂行します。大本営の兵站《へいたん》総監である川上操六《そうろく》(参謀本部次長)は、現地指揮官に「東学党ニ対スル所置ハ厳烈ナルヲ要ス。向後《こうご》悉《ことごと》ク殺戮スベシ」と打電し、徹底的な排除を命じました(一八九四年一〇月二七日)。命令のように日本軍は朝鮮政府軍との共同作戦で農民軍や住民数万人を殺し、日清戦争完遂への条件作りを進めていきます。台湾割譲を講和条件に入れるために、伊藤博文首相は台湾作戦を提案し、大本営はその一環として戦争の最末期に澎湖《ほうこ》島《とう》作戦を開始します。

下関講和条約が成立して、狭義の日清戦争は終わりますが、台湾平定はできず、武装農民の抵抗で、平定は難航しました。台湾民主国は早くに崩壊しましたが、台湾住民の抵抗は続きます。台湾征服戦争は、広い意味での日清戦争の終盤となったのです。

ようやく平定作戦が終わり、戦争を統一指導するための最高機関である大本営が解散したのは、下関講和条約締結の一年後、一八九六年四月でした。ここから「日清戦争」を広く捉え、①七月二三日戦争(対朝鮮)、②狭義の日清戦争(対清)、③農民戦争殲滅作戦(対朝鮮民衆)、④台湾征服戦争(対台湾民衆)という四種類の複合戦争と考えなければ、その後の日本のアジアへの関わり方の特色となる、侮蔑と暴力が理解できないのではないでしょうか。

「五〇年戦争」の中の日露戦争

日清戦争が終わっても、日本は朝鮮での利権拡大を容易に実現できませんでした。その焦りから、駐韓日本公使は日本軍を動かし、閔妃《ミンビ》(明成皇后)暗殺という大犯罪を行い、その上に事件に関わった公使や軍人、民間人らを裁判で無罪とし、処罰しませんでした。犯罪とは認めない、と国家が世界に宣言したのですから、その後アジアとの緊張が高まることは言うまでもありません。国王と世子《せいし》がロシア公使館に一年もの間、避難し籠もるという事件(露館播遷《ろかんはんせん》)を経て、ロシアの韓国進出を防ぐために、日露戦争が始まります。

伊藤博文や井上馨《かおる》が日清戦争以前に持ち続けていた構想である、朝鮮国の列国共同管理案が実現していれば、日清戦争も日露戦争もなかったのではないでしょうか。共同管理案が、朝鮮民衆にどのような損害を与えるのかという大問題を抜きにして言えば、戦争が存在しなかった可能性はありました(高橋秀直『日清戦争への道』東京創元社、一九九五年)。日露戦争を、国家と国民の輝ける歴史と考えるのは、日本だけに通用する思い込みで、アジアの明るい未来を切り開くものにはならなかったのです。

日露戦争後、日本とロシアは中国侵略への共同関係を強めていきます。何度も協定を結び、中国やモンゴルでの利権範囲を取り決めます。日露戦争は、西欧帝国主義に対するアジアの勝利などというものではありませんでした。アジアへ進出するヨーロッパ勢力を押しとどめるのではなく、彼らとの分け前を日本が得るための戦争だったのです。

日露戦争によって、韓国への支配権を強めた日本は、列強の承認のもと一九一〇年に韓国併合に踏み切りますが、そのことは日本とアジアの矛盾をいっそう深めることになりました。アジアの近代化をリードする日本というイメージが、明治維新から日清戦争までアジアには続いていましたが、その結果が、韓国という国を消滅させ、植民地とするというものでした。

インド独立運動の指導者ジャワーハルラール・ネルー(一九四七年にインド初代首相)は、そのことについて「にがい結果を、まず最初になめたのは、朝鮮であった。日本の勃興は、朝鮮の没落を意味した」と批判します。そして、日本が中国の領土保全と朝鮮独立の尊重を繰り返し宣言したことを、「帝国主義国というものは、相手のものをはぎとりながら、へいきで善意の保証をしたり、人殺しをしながら生命の神を聖公言したりする、下卑たやりくちの常習者なのだ」と激しく喝破しました(ネルー『父が子に語る世界歴史』第三巻、みすず書房。引用は、一九三二年一二月三〇日に獄中で執筆された手紙)。

大日本帝国の植民地支配は、五〇年間(英領インドは七〇年間、仏領インドシナは六七年間、仏領アルジェリアは一三二年間)で終末を迎えることになります。一八九四年以来戦争を続けた日本近代国家は、半世紀後一挙に崩壊して、国家破産に追い込まれ、民衆を塗炭の苦しみにおちいらせたのです。

お薦めの五冊

① 飯塚浩二『日本の軍隊』(東大協同組合出版部、一九五〇年。のちに岩波現代文庫)

「日本の軍隊」を兵士の目線で解析した最初の研究書と思われます。②と同じように「一九四五年八月一五日」という衝撃は、日本国民にとっては落胆でしたが、アジアでは解放の祝日となります。その落差を解き明かすのが戦後民主主義の役割で、その中に「軍隊論」もありました。野間宏『真空地帯』と併読すると、いっそう実態の理解が進むでしょう。

② 竹内好「日本の近代と中国の近代――魯迅を中心に考える」(竹内好『日本とアジア』竹内好評論集第三巻、筑摩書房、一九六六年。のちにちくま学芸文庫)

中国について考え続けた竹内好の評論の中でも、最も重要な論考。中国から考えを広げ、アジアの現在を考える上でもいまだに有効な論文です。中国は「回心」文化だが、日本は「転向」文化だ、という指摘は、二一世紀になっても重要であり、読者にもう一度立ち止まって考えることを求めています。もちろん評論集全三巻を読むこともお薦め。

③ 前田愛『幻景の明治』(朝日選書、一九七八年。のちに岩波現代文庫)

時代と社会を、近代文学やさまざまな文字資料から読み解くのを得意としていた著者の「明治論」。書簡や日記などをこまごまと読解して編んでいく政治史学の手法とは全く異なった形で、日本近代を解き明かしてくれます。

④ 石井寛治『日本の産業革命――日清・日露戦争から考える』(朝日選書、一九九七年)

経済史家は戦争を抜きにして経済史を論じてきた、という反省から書き下ろされた日本近代経済史の通史。経済史を中心にしながら、総合的に分析し、新しい歴史像を提示しています。著者の『日本経済史』(東京大学出版会、一九七六年)とは異なった読後感が得られるかも知れません。

⑤安田浩『天皇の政治史――睦仁・嘉仁・裕仁の時代』（青木書店、一九九八年）

天皇制という用語で時代を描くことをシリーズ第3巻ではおこなわず、実態を明らかにすることで、近代天皇制が国家と社会において機能した様相を描くことを目標としました。本書は、三代の天皇が統治権者として機能し続けた事実を、精緻な史料解釈のもとに把握し、解明した労作です。「近代天皇制」を具体的に知るためには、本書を読むことをお薦めします。

第4章　大正デモクラシーとはどんなデモクラシーだったのか

成田龍一

作造と信次

劇作家の井上ひさしさんに『兄おとうと』という作品があります。吉野作造《さくぞう》を主人公とし、吉野のデモクラシーの思想を軸に展開される芝居です。劇中には作造の弟、信次《しんじ》があわせて登場します。井上さんは、この兄弟の思想の齟齬に焦点を合わせますが、その着眼(「趣向」と井上さんは呼んでいます)に敬服しました(ちなみに、作造と信次の妻たちもまた姉妹でした)。

作造は一九〇九(明治四二)年から東京帝国大学で政治史を講じ、「民衆」を主体とした政治のありようを「民本主義」と呼んで、それに基づく政治体制を構想しました。それに対し、信次は東京帝国大学で学んだあと、一九一三(大正二)年に農商務省に入り官僚となります。のちに第一次近衛《このえ》文麿《ふみまろ》内閣の商工大臣から貴族院議員になり、翼賛政治会の常務理事も務め、戦後は公職追放を受けています。一見すると、作造と信次の思想と行動は正反対で対立的であるように見えますが、実はこの二人は、大正デモクラシーという状況に対する関わり方の表裏を示していると思います。作造の民本主義は、民衆を政治主体として認め、民衆のための政治を理論化しようとしたものです。他方、信次は民衆の自発性を前提としつつ、そこから組織化が志向されてくることを見て取り、そのことを統治に転用しようとします。民衆と政党が台頭してくる状況に対し、作造はそれらを政治への「参加」へとつなげ、信次は新たな体制への「統合」へと誘導していったと考えることができるでしょう。

すなわち、作造の民本主義の主張があったからこそ、民衆の自発性を統合に用いようとした信次の主張もありえたのです。言ってみれば、作造と信次という、この二人の兄弟の主張と生き方の重なる部分に大正デモクラシーの核となる部分があり、そこからはみ出した部分が大正デモクラシーの幅を作っているとも考えられます。この時期は、手放しのデモクラシーでもなければ、暴力的な官僚支配の時期でもありません。民衆の一定の政治参加が見られ、そのことが新たな統治につながっている、そうした時代でした。

はたして大正デモクラシーは、いかなる意味で「デモクラシー」であったのでしょうか。

「大正デモクラシー」という言い方は、当時からあったわけではありません。一九五四年ごろから使用されているもので、一九〇〇年代後半から一九二〇年代終わりにかけての日本の動きを「デモクラシー」という観点でとらえようとする歴史認識です。

時期区分が歴史学研究の出発点となります。大正デモクラシーは年号で区切られた「大正」(一九一二～二六年)を挟み、前後それぞれ五～六年をのばした時期、つまり一九〇五年から三一年までをその範囲とするのが通説となっています。この時期区分は戦後歴史学による区分です。正確に言えば、戦後歴史学が二〇世紀初頭の三〇年間ほどを「デモクラシー」を軸として把握しようとした歴史像ということです。

その代表的な研究、松尾尊兊さんの『大正デモクラシー』(岩波書店、一九七四年。現在は岩波現代文庫)に学びながら、あらためて大正デモクラシーとは何かを整理し直してみます。

①日比谷《ひびや》焼打ち事件(一九〇五年)をその始期として「満州事変」(一九三一年)前夜までの時期を範囲とし、②さまざまな社会運動が展開され、なかでも政党政治の実現を目指した動きが大きく盛り上がる時期で、③総力戦にともなう総動員体制が開始されるまでが対象です。さらに、④この時期は、米騒動(一九一八年)と、その結果誕生した政友会による初の本格的な政党内閣、原敬《たかし》内閣による時期を境に、前期の「民本主義の時代」と後期の「改造の時代」とに区分されます(この点は、鹿野政直『大正デモクラシー』日本の歴史27、小学館、一九七六年、を参照)。

ここで念頭に置かれている「デモクラシー」の内容とは、政党政治の実現と社会運動の活性化でした。時期について付言しておけば、松尾説では、日露戦争と「満州事変」に挟まれた時期になります。ただ、この時期は世界に目を向けたとき、第一次世界大戦(一九一四～一八年)が総力戦として戦われ、ヨーロッパ諸国ではすでに総動員体制を行っていますから、いまひとつの総力戦と総動員体制の実施である第二次世界大戦とのあいだの「戦間期」にあたります。また、この時期の日本は、「韓国併合」など植民地獲得や、第一次世界大戦への参戦とシベリア出兵など海外出兵、中国への二一カ条要求や山東出兵など侵略行為も行っています。

つまり、この時期は、第一次世界大戦への参戦を契機とする経済成長により、急速に日本社会が変化していったときですが、同時に、植民地支配が本格化し、「帝国日本」としてのかたちが整っていった時期でもあるのです。そうしたことから、この時期をはたして「デモクラシー」の時代とよぶことができるのかという批判は、これまで継続的に出されてきました。

そのためといってよいと思いますが、高等学校の教科書のなかでも、大正デモクラシーに関しては共通した見解が出されていません。そもそも、吉野作造に、デモクラシーを「民主主義」と翻訳したのでは天皇を主権とする大日本帝国憲法に抵触するため、「民本主義」を唱えたのでした。その意味では、明治憲法体制の枠内でデモクラシーを追求するという限界が最初からありました。このように考えたとき、この時代は、はたして「デモクラシー」に値した時代であったろうかという問いは、歴史認識そのものに達する本質的な問いになります。

大正デモクラシーの時期は、さまざまな二重性をはらむ時期でした。モダニズムとナショナリズムとが絡み合い、開放感と閉塞感とが同居し、人道主義とマルクス主義が重なり合っていました。一般的に、二重性をはらまない時代などないのでしょうが、大正デモクラシーの時期には、とくにそのことが顕著です。

前期の「民本主義の時代」と後期の「改造の時代」との時期区分に従いながら、大正デモクラシーのもつ二重性を見ていくことによって、先の問いについて考えてみたいと思います。

二重の感性

まずは、大正デモクラシーの時期における政治意識についてです。「民本主義」の入口の時期には、さかんに「立憲的帝国主義」とか「倫理的帝国主義」という主張がなされました。「立憲」や「倫理」と「帝国主義」が結びつくのは、どこか奇妙な感じがします。

この時期に活躍した政治学者の浮田《うきた》和民《かずたみ》は、対外政策として日本国民の積極的な海外進出を支持しつつ、「現今の帝国主義は、民族膨張の自然的結果にして、単に侵略的帝国主義にあらず」と言います。いまの帝国主義と過去の帝国主義とを区別するのです。そして、「軍事的侵略」や「小弱国を侵略併呑」することを「終極の目的」とすることを斥けます（『帝国主義と教育』一九〇二年)。浮田は、この点に倫理的要素を見出し、「結局は世界の文明人類の福祉を増進するに至る」としました。しかも、浮田は国内体制の立憲主義化が不可欠と考えており、現時の政府批判と制度の改良を講じます。近代国家の政治原理として立憲主義を主張することと、帝国主義の進行とが浮田のなかで同居し、結合しているのです。

このデモクラシーと帝国主義との共存を、批判意識と膨張意識との二重性とするとき、一般の人びとの心性も同様に二重性を有していました。彼らがあこがれるヒーロー像から接近してみましょう。

大正デモクラシーの時代には、教育熱が高まり、識字率が上がることにより、読者層が飛躍的に拡大しました。書物のなかから、大衆のヒーローが登場しました。「民本主義の時代」のヒーローを多く生み出したのは、大阪の立川文明堂が発行した小型の講談本、いわゆる立川文庫です。一九一一年に刊行を開始したといいますが、水戸黄門、大久保彦左衛門ら実在の人物から、猿飛佐助《さるとびさすけ》、霧隠才蔵《きりがくれさいぞう》ら架空の存在まで、英雄豪傑が活躍する話が盛りこまれています。

当初は、大阪の商家の少年店員が主要な読者で、やがて大阪以外の小中学生にも広まりました。とくに人気のあったのは、猿飛佐助や霧隠才蔵らの忍術の名人たちです。猿飛や霧隠は真田《さなだ》幸村《ゆきむら》に仕え、徳川方を翻弄します。彼らの性格が明朗であるとともに、徳川に象徴される支配者への批判意識に、その人気は支えられていました。

またこの時期には、中里介山《なかざとかいざん》が『大菩薩峠』（一九一三〜四一年）に登場させた、机龍之助《つくえりゅうのすけ》のようなニヒルなヒーローもいます。机龍之助は、ほとんど無意味に殺人を繰り返す浪人です。一般に、大衆文学は知識人が読むともいわれますが、「民本主義の時代」の知識人たちの少なからぬ部分が、閉塞感を抱え込みながら、ニヒルな心情に浸っていたことがうかがえます。批判意識と虚無的な心情、明朗な英雄豪傑と孤独な浪人——こうした二者が同居するのが「民本主義の時代」でした。考えてみれば、吉野作造に代表される民本主義者は、『中央公論』や『大阪朝日新聞』をはじめとする雑誌や新聞ではなやかな活動をしていましたが、堺《さかい》利彦や大杉栄《さかえ》、荒畑寒村《あらはたかんそん》といった社会主義者にとっては、この時期は「冬の時代」にほかなりませんでした。

社会主義者たちは、日露戦争後の社会状況のなかで平民社を中心に結集し、政府批判の言論活動をおこない、一九〇六年には日本社会党を結成します。また、地域に拠点をつくるとともに、社会主義の伝道行商を進めるなど、幅広い活動を展開します。しかし、明治天皇を暗殺しようとしたという理由で一九一〇年から検挙が始まる「大逆事件」で大きな打撃を受けます。暗殺を計画し爆弾を製造した者たちのほか、フレームアップによって検挙は、暗殺計画には無関係の幸徳秋水《こうとくしゅうすい》らにもおよびました。二六名が起訴され、一二名が死刑を執行されました。こうして、社会主義者の活動自体が制限され、運動は急速に衰えていきます。事件に衝撃を受けた石川啄木《たくぼく》は、「時代閉塞の現状」として自己の心情を綴りました。

このように民本主義者の昂揚と社会主義者の逼塞《ひっそく》が同居しているのが、この「民本主義の時代」にほかなりませんでした。大正デモクラシーは、振り子がどちらか一方に振り切れない二重性を持つ時期として出発したのです。

強まるモダニズム

米騒動以後の「改造の時代」、とくに一九二〇年代になると、大枠の二重性は維持されますが、二つの要素の力関係は変容し始めます。民本主義者が議論を進め、改造論を唱えるようになります。また、社会主義者が復活し、堺利彦や大杉栄が新たな組織のもとに活動を再開するとともに、若い世代も登場します。批判意識が強まっていくのです。

この「改造の時代」の民衆のヒーローとして、鞍馬天狗《くらまてんぐ》がいます。作者の大佛《おさらぎ》次郎は、東京帝国大学で吉野作造の教えを受け、河上肇《はじめ》の主宰する雑誌『社会問題研究』を購読していました。鞍馬天狗は、まさに大正デモクラシーのなかから生み出されたヒーローということができるでしょう。関東大震災後の一九二四年に第一作の「鬼面の老女」が発表されています。しかし、鞍馬天狗も出発時には、まだ強固な二重性を抱えていました。

鞍馬天狗は、幕末・維新期に活躍するのですが、勤王・佐幕というイデオロギーに関与しない「剣の自由人」として設定されています。謡曲「鞍馬天狗」と、イギリスの大衆作家の短編とを組み合わせたこの第一作は、モダニズム（＝イギリスの近代）とナショナリズム（＝日本の古典）とを相交わらせて人びとに提供されています。どちらかに身を寄せることが、まだないのです。

しかし、「改造の時代」のなかで、ヒーローたちの二重性のうち、批判性が強まっていきます。評論家の鶴見俊輔さんの考察によれば、当初は「天皇中心的・家族中心主義的な権威主義」を有していた鞍馬天狗ですが、物語の進行につれ、自立能力やフェアプレーの精神、禁欲主義や階級を超えた精神、そして古いしがらみを持つ人間関係とは異なるインパーソナルな人間関係を持つようになります。大正デモクラシーのなかで鞍馬天狗自身も推移し、市民精神を身につけていくのです。本章での主題に引きつけて言えば、デモクラシーの担い手が成熟（と、とりあえず述べておくことにしましょう）していくということになります。

さて、こうした二重性の要素の推移に拍車をかけたのが映画でした。「改造の時代」にも時代劇が主流で、「大菩薩峠」「鞍馬天狗」をはじめ、多くの映画が作られます。ヒーローたちはスクリーンを介してますます人びとに支持されていくことになりました。懐旧の念（＝ナショナリズムの心情）を持つなか、近代化による生活の変化（＝モダニズムの生活）が進行し、二重性のうちモダニズムが凌駕《りょうが》していくのです。

家父長制の揺らぎと抵抗

大正デモクラシーの時期には、家父長制という家族のイデオロギーがまだ強く存在するとともに、その動揺も見え始めます。

「民本主義の時代」には、家庭小説の始まりとされる尾崎紅葉『金色夜叉《こんじきやしゃ》』や徳冨蘆花《とくとみろか》『不如帰《ほととぎす》』が新派劇と結びつきながら広く読まれました。ここには、家庭や家族が相対化され、議論の対象として浮上していることが背景にあります。その動きは時代を通じて進展しました。

女性解放の活動家で大杉栄の妻であった伊藤野枝《のえ》は、「私自身の経験のみでなく、最近に、多少婦人が自意識を取り返し得た動機の大抵は、若い婦人たちに対して一番重大な結婚問題からである事は、疑ひもない事実である」と言い切っています(「自由意志による結婚の破滅」『婦人公論』一九一七年九月)。受身の姿勢でしかなかった結婚問題に、女性たちが主体的に、しかも批判意識をもって取り組もうとすることが、伊藤の言から伝わってきます。

著名な女性運動家の平塚らいてう「元始女性は太陽であつた」(『青鞜』一九一一年九月)にも、「私は無暗と男性を羨み、男性に真似て、彼等の歩んだ同じ道を少しく遅れて歩まうとする女性を見るに忍びない」とあります。家族と家父長制に対し、女性の自立を目指す新たな主張、フェミニズムに基づくデモクラシーが主張されるのです。

「改造の時代」には、モダニズムが広がるなか、（時代小説とあわせ）通俗小説や推理小説が読まれます。菊池寛の活躍は「真珠夫人」（一九二〇年）に代表されますが、この小説は、男爵家の令嬢・瑠璃子が、政治家の父親を陥れた船成金に復讐するためにその後妻に入り、莫大な財産を得て、さらに男性たちに復讐をする物語です。瑠璃子は、初恋の青年を捨てて後妻に入るのですが、その恋人への「貞節」は守り通します。「真珠夫人」でも男性中心主義の観点は変わりませんが、「貞節」「貞操」が自明のことではなく、議論の対象となってきたのです。

この主潮をさらに展開したのが、吉屋《よしや》信子《のぶこ》です。吉屋の小説は、女性の観点から「貞節」の問題を取り上げています。吉屋は、都市の中産階級の家族をモデルとしながら、「地の果まで」を『大阪朝日新聞』に連載します（一九二〇年）。そこでは叔父に養われた姉弟が自らの志を貫くさまが描かれますが、結婚を持ちかけられた主人公の緑は提示された条件を聞くや、次のように憤ります。

馬鹿、馬鹿。誰《たれ》が、誰が。誰が、お嫁になんて行ってやるものか、人を犬か猫の子だと思っている。坂田の思いあがった高慢な似非者《えせもの》め！……何という青年らしくない、小老成《こましゃく》れた理智によって、形作られた結婚の条件だろう。

「頭の善いこと」「気性の勝れたこと」や「健康」「処女」を結婚の条件としてあげたことに対し、緑は「いい気の青年の利己的打算の結果の箇条」を見出すのです。女性の理想と女性たちの友情をしなやかに描く吉屋ですが、女性たちの無私の行為と対照させて、男性たちのエゴイズムを浮き彫りにしました。

こうした吉屋の小説の主人公は、夫と子どもとで構成される単婚家族＝核家族を営みますが、そのゆえに夫との感情が絆になる関係を生きています。吉屋は「近代家族」の登場を背景に、その様相を描くとともに、洋服を着てさっそうと歩く「職業婦人」をしばしば作品中に登場させています。吉屋の小説は、家父長制の不条理を日々、日常的に体験している女性たちが読者層となり、彼女たちの持つ思いが投影されています。彼女たちもまた、「改造の時代」のデモクラシーの担い手でした。

さて、女性たちが状況を批判的に眺め、そこから声をあげていくことは、モダニズムの進行と即応しています。モダニズムは、風俗の面にまずは現われました。断髪で洋装し、盛り場を歩くモダンガールが喧伝されたのは、同じく「改造の時代」のことでした。

しかし、女性の風俗面だけを強調する同時代の評論は、社会の深部で起きている変化を無視し、表層の次元に事態を極小化してしまっているでしょう。アメリカの日本研究者ミリアム・シルバーバーグさんは、メディアがファッションや生活態度に焦点を合わせることにより、女性の自覚的な態度という「反逆的な動き」を消去し、女性たちの社会に対する抵抗を「性的な放縦さ」といった「逸脱」に置き換えていったと批判的に分析しています（*Erotic Grotesque Nonsense*, 2006）。

こうしたモダニズムと開放性に対し、家族全体の一体化をねらいとした動きもあります。一九二五年に創刊された『キング』はその代表格で、父親を軸とした家族を想定し、家父長制の新たな姿を図っています。『キング』は、家庭、社会、国家、国際関係を論じ、解説し、「おもしろく、ためになる」ことを標榜します。ことばを換えれば、家庭と国家に価値を置きつつ、それを社会と国際関係に接続するのですが、そこには新たなナショナリズムが脈打っていました。『キング』は（一見、都市部を中心とするように見えますが）、村の有力者たちや青年団を通じての大きな販路を持っていました。この層は、これまで古いタイプのナショナリズムの担い手でした。その彼らが、モダニズムの進行のなかで、従来の家父長制とは異なった側面を打ち出しながら、新たなナショナリズムに向かっていくのです。

単身の男性たちは、いますこしモダニズムに傾いていました。推理小説は、その重要な領域です。黒岩涙香《るいこう》が翻案した探偵小説は、一八九〇年ころにさかんに読まれましたが、雑誌『新青年』やそこを舞台に活躍した江戸川乱歩《らんぽ》が一九二〇年代に登場するに至り、その様相が大きく変わります。『新青年』は、はじめは青年向けの修養雑誌だったのですが、一九二三年四月に、乱歩の「二銭銅貨」が掲載されると、一挙にモダニズムの雑誌と化します。推理小説の専門雑誌も創刊され、欧米の翻訳探偵小説の紹介もさかんになされました。

犯罪を捜査するには、合理的な思考や整合性、また犯罪者の心理分析と事件の解決など、近代的な思考と行動が前提とされます。推理小説は、新たな社会観と人間関係をもたらすものなのです。もっとも、「二銭銅貨」に登場する二人の青年が無職の生活者で、鬱屈した感情を抱えていたように、単身男性たちの周囲にあるモダニズムは開放に向かうだけのものではなく、閉塞感を伴っていたのでした。

ここまで見てきたように、大正デモクラシーの時代は、モダニズムとナショナリズム、外来性と土着性、開放感と閉塞感というような二重性を有し、二つの極を持つ思想が同居していました。ただ、その極は単なる同居ではなく、互いに分かちがたく結びついて絡み合い、依存し合ってもいました。このことが、この時期のデモクラシーの性格を複雑にしているのです。

植民地への姿勢

この時期のデモクラシーの性格を問うたとき、二つの問いがそれを検証するリトマス試験紙となると思います。一つには、大日本帝国がもつ植民地に対し、デモクラシーの担い手がどのような態度をとったか。二つには、大正デモクラシーのあとに戦争とファシズムの時代が出来《しゅったい》したことをどのように考えるか、ということです。いずれも、これまでみてきた大正デモクラシーの二重性、とくにナショナリズムとモダニズムとの関係がくっきりと姿を現わしてくる局面です。さきに記したように、モダニズムとナショナリズムは、批判意識と膨張意識にほぼ重なりますが、全体にモダニズムが進行するなか、いかにナショナリズム－膨張主義を制御したかを、デモクラシーの課題として考察してみるということです。

植民地を持った民衆は、大国意識とそのことに由来するナショナリズムを持っています。たとえば、一九一九年に、すでに日本の植民地とされていた朝鮮で人びとが独立をもとめて起こした三・一独立運動に対し、ジャーナリズムは声高に批判し、世論もそれに同調します。『大阪朝日新聞』(三月八日)は「朝鮮の騒擾《そうじょう》」として報道し、「不逞《ふてい》の徒の絶えざる煽動と無辜《むこ》の鮮人が事の真相を知らざることにより」、各地に「騒擾」が蔓延したと伝えました。『東京日日新聞』(四月一〇日)は、「浅薄無智なる鮮人は恰《あたか》も一大福音なる如《ごと》くに妄信して朝鮮の独立を夢み、遂に今日の如き騒擾を惹起せし」と偏見を隠していません。

こうした大国意識のもとで、どのような植民地論が説かれ、それを制御するデモクラシーが主張されたのか、まずは、その点を考察してみましょう。ここでは、美術批評をおこなった柳《やなぎ》宗悦《むねよし》と、言論人として活動していた石橋湛山《たんざん》の二人の議論を取り上げます。

柳宗悦は、一九一九年の三・一独立運動のあとに、「朝鮮人を想う」(『読売新聞』一九一九年五月二〇〜二四日)を書きます。

日本は朝鮮を治めようとして軍人を送り政治家を送った。然《しか》し友情や平和の真意を知るのは宗教家であり芸術家である。余は習慣が国際の問題をひとり政治家にのみ委ねるのを奇異な幼稚《ようち》な態度であると思う。

柳は、日本の識者が朝鮮に対し、「殆《ほとん》ど何等の賢さもなく深みもなく又温《あたたか》みもない」ことを知り、「隣邦人」のために失望しています。そのため、「自分は朝鮮に就《つい》て充分な予備知識を持っているわけではない」としながらも、朝鮮に対する共感を語っていきます。

柳が根拠とするのは「芸術」です。「科学」「政治」を「芸術」と対置し、「知」に対して「情」を言い、「芸術的理解のみが人の心を内より味い、味われたものに無限の愛を起す」としますます。このことは両義的です。柳は心の世界を重視し、それゆえに「朝鮮の歴史が受けた運命は悲しいものであった」という言い方をもします。「虐げられいじめられた身には何よりも人情がほしいのである。愛がほしいのである」とも言い、「恐らく彼等(朝鮮人)程愛情を飢え求めている人民はない」としました。

ここで柳は、朝鮮に「愛」と「同情」を与えようとするため、日本の植民地主義に対する批判と、抵抗への共感を語っています。そのうえで、柳は政治の面ではなく芸術に（日本と朝鮮との）接点を求めます。政治的な対抗ではなく、芸術における感情を介した共感を重んじ、植民地支配に対する対抗の手段としての「暴力」を回避しようとするのです。

しかし、柳の共感の背後には、朝鮮の芸術に対する保護者意識があり、あわせて（朝鮮人に対し）その芸術の価値を教えるという態度が無意識ではあれ、貼りついています。植民地を支配している宗主国が、植民地の人びとに対して語ること――その語りかけ方は、実に難しいものがあります。こうした柳の言に宗主国の優位性を見出し、柳を批判する論者がいることは理由のないことではありません。しかし、柳の議論が植民地支配を批判するものであり、朝鮮の人びとへの共感を有していたことは見逃せません。

いまひとり、石橋湛山の植民地への発言を見てみましょう。石橋の論は、明快な植民地主義批判です。「一切を棄《す》つるの覚悟」（『東洋経済新報』一九二一年七月二三日）を打ち出し、「大日本主義の幻想」（同前、一九二一年七月三〇日～八月一三日）を繰り返し強調しています。日本の方針にまで石橋の議論の射程は延びています。

石橋は、日本の利益を経済と軍事の観点から検証したうえで、「何の経済的利益」もなく「戦争勃発の危険の最も多い」のは、「支那又はシベリヤ」であると言います。そして「大日本主義、即《すなわ》ち日本本土以外に、領土若《も》しくは勢力範囲を拡張せんとする政策が、経済上、軍事上、価値無きこと」を主張しました。しかも石橋は、近年は世界的に「国民的独立心」がみられ、「朝鮮の独立運動、台湾の議会設置運動、支那及シベリヤの排日は、既に其前途《その》の何なるかを語つてをる」とします。これらは、警察や軍隊の「干渉圧迫」で抑えつけられないもので、仮に大日本主義に利益があったとしても「永く維持し得ぬ」のであり、「何《ど》うせ棄てねばならぬ運命にあるものならば、早く之《これ》を棄てるが賢明である」としたのです。

石橋は「資本」が主であり、「其資本を豊富にするの道は、唯《ただ》平和主義に依り、国民の全力を学問技術の研究と産業の進歩とに注ぐにある」と、国民経済（一国単位の経済）の健全さを求めます。そして、「広大なる支那の全土を我友とし、進んで東洋の全体、否《いな》、世界の小弱国全体を我道徳的支持者とすることは、如何《いか》ばかりの利益であるか計り知れない」と述べました（以上、「大日本主義の幻想」）。

明快で力強い議論で、大正デモクラシー期のデモクラシーとして、もっともすぐれた主張のひとつとなっています。そのため、石橋の議論は、同時代的には『東洋経済新報』という経済雑誌の主張からなかなか抜け出せないという制約を抱えていました。

柳も石橋も少数派の主張にすぎず、柳の場合は難点も有していました。しかし、批判意識を（植民地の人びとの行為にではなく）日本の膨張主義に向け、（朝鮮の人びとではなく）膨張主義を恥じない日本の行為を批判しました。彼らの議論は、デモクラシーの議論の幅を広げ、少数派の人びとの孤立を防ぐことになりました。

戦争・ファシズムへの断続と接続

戦争およびファシズムとの関連では、どうだったのでしょうか。ここでは、長谷川時雨《しぐれ》が、一九二八年七月に創刊した雑誌『女人藝術《にょにん》』を開いてみましょう。『女人藝術』は一九三二年六月に突如、終刊するまでに四八冊を刊行しますが、その軌跡は「改造の時代」の時期のひとつの典型を示しています。

当初は「社会時論」とともに、「文藝月評」「演劇時評」などの欄を設け、詩や小説、戯曲を掲載し、文芸的な香りを漂わせていた雑誌でした。創刊号には、山川菊栄《きくえ》「フェミニズムの検討」、神近市子《かみちかいちこ》「婦人と無意識」、望月百合子《もちづき》「婦人解放の道」などが掲げられ、大同団結の姿勢がうかがえます。

しかし、すぐに誌上でアナ・ボル論争が起こり、亀裂が入ります。アナ・ボル論争とは、革命の担い手や目指すべき社会構想をめぐる論争のことです。さらに『女人藝術』は、女性の立場を主張し、「女性の伴はぬ文化は不具《マ　マ》で、平等を認めねば歪んだ人生だ」(「女人藝術三周年記念号予告」一九三〇年六月)といい、男性思想家や民本主義者への強烈な批判を展開しています。体制批判をおこなう集団内での互いの対立であり(アナ・ボル論争もまた、そうしたひとつでした)、女性の大同団結を崩すような動きを見せるのです。

そして、急速に急進化します。たとえば、メーデーを報道し、ソビエトの紹介に精力を傾けるようになります。一九三一年五月号では「労働五月祭、メーデー特輯」を掲げ、各国のメーデーを紹介しています。「メーデー特輯号を街に氾濫させろ!」「メーデー特輯号をもつて女人藝術を進出させろ!」という記事が掲げられ、さらにその年の秋には、(日本共産党に関係していた)経済学者の野呂《のろ》栄太郎や河上肇らに原稿を依頼します。また、各国の「婦人デー」にも言及し、中国、朝鮮、トルコ、インド、トルキスタンなどの女性たちに着目し、「目覚めゆく東方婦人」の特集を組んでいくのです(一九三一年一月)。

こうした急速な変化は、人道主義から社会主義、さらに共産主義へと急進化していく、大正デモクラシーの後半期の軌跡を凝縮しているかのようです。『女人藝術』自身に対しても、自ら「古い殻を破れ!」(「告!」一九三一年六月)と言い、「この、女性抬頭の勃興期に、一環した機運をつくらなければならない必要は、共通の事業だと思ひます。私たちは、昨日の誤謬を今日知れば、いさぎよく改めて、向上の道へ前進前進です。そして進歩的女性のすべてに支持をうけることをよろこびます」といっています(「ぜひ、これを読んでください」一九三一年一〇月)。

しかし、『女人藝術』は、一九三二年六月に休刊してしまいます。長谷川時雨は、その原因を金銭問題だとしましたが、内部における対立が「満州事変」で露呈し破綻したためと思われます。「満州事変」にいかに向き合うか――一九三一年九月一八日の柳条湖《りゅうじょうこ》での事件は、ひとり『女人藝術』にとどまらず、大正デモクラシーに決定的な影響を与えています。戦争という事態が、一挙に批判意識を委縮・衰退させ、公の場から退場させていってしまうのです。大正デモクラシーは、それほど脆弱だったという議論がのちに出されるのも、やむを得ないような状況でした。戦争の大きな渦にデモクラシーが難破してしまったと言えるでしょう。

しかし、デモクラシーと戦争の関係はここにとどまりません。すでに、『女人藝術』(一九三二年二月号)では、座談会「新満州国とはどんなところか」が掲載され、「満州国」を認知するかのような姿勢が見られます。同様に、市川房枝《ふさえ》らは、東京市会議員選挙を契機に、東京婦人市政浄化聯盟を結成し(一九三三年三月)、疑獄(汚職)の批判やゴミ処理問題などに奔走し、女性の力を示すことで公民権を要求していきます。この浄化聯盟は体制への参入を図り、主体的に戦時動員体制に協力していきますが、体制との直接的な一致を目指して政党批判を行ったため、結果として既成政党の基盤を崩すことになりゆきます。こうした動きは、一九三五年、三六年には国政レベルでの動きとなり、官僚が主導する選挙粛清運動が展開されることとなっていくのです。冒頭の吉野信次の狙った路線が、ここにあります。

また、一九三二年に結成された日本労働組合会議は、三反主義、つまり反無政府主義、反共産主義、反ファシズムを標榜し、批判意識を撤収します。そして政府の経済政策に協力することにより、労働者の既得権を守ろうとします。さらに、社会民衆党は、軍部を支持する「満蒙問題に関する指令」を発表し、「支那軍閥の不当なる計画的排日行為」と「わが国政府の誤れる伝統的ブルジョア外交と満蒙政策」を批判するとともに、「日本国民大衆の生存権確保のため、満蒙におけるわが条約上の権益が侵害さるるは不当なりと認む」と述べました。大正デモクラシーが生み出した社会民主主義が、戦争をきっかけに国家社会主義へと傾斜していきます。

社会大衆党の麻生久《あそうひさし》は、こうした軌跡をはっきりと見せています。「満州問題」を考察した論文のなかで、麻生は「満州事変」に対し「これを一概に帝国主義的なりと断定しさるあたわざる多くの要素を含んでいる」といいます(「満州事変および五・一五事件の批判と国家改革の指導精神」『解放』一九三五年一一月)。麻生は「資本家階級の意図」に反して事変がなされており、(「満州事変」は)「反資本主義的傾向」を含み、「日本の国家改革と不可分の関係においてなされた」と論じました。東京帝国大学の学生時代に新人会に参加した麻生は、卒業後も運動を続け日本労働総同盟幹部となり、一九二六年には無産政党である日本労農党を作り上げました。いわば、大正デモクラシーの軌跡をそのままなぞったような人物ですが、しかし、ここに麻生は平和を放棄し、「満州事変」という中国大陸への侵略の出来事を追認してしまうのです。

いまひとつの無産政党の全国労農大衆党こそ、「帝国主義戦争反対」の態度を表明していますが、総体としてみたときに、批判勢力としての無産政党という立場の放棄が相次ぎます。デモクラシーの勢力が溶解してしまうのです。こうした事態に至るまでには、たしかに政府による弾圧がありましたが、他方では、麻生の発言に見られるように、中国への侵略を改革や救済と結びつけ、戦争を支持していったのです。こうしてデモクラシーは内側からも解体されました。さらにやっかいなことには、「満州事変」後には、批判意識を有する諸勢力が立場を放棄する一方、かろうじて残った少数の批判的集団内では、あいかわらず小さな差異により他の集団を批判し対立を尖鋭化させました。批判的な勢力の消失と孤立分散化が進行します。

「大正デモクラシーにもかかわらず」という局面と、「大正デモクラシーゆえに」という双方の要素を持ちながら、一九三〇年代には戦時動員の時代が始まっていくのです。

三人の軌跡

最後に、大正デモクラシーの可能性について触れておきましょう。このことを考えたとき、私には三人の名前が浮かび上がってきます。平沢計七《けいしち》、山本宣治《せんじ》、そして小林多喜二《たきじ》です。

生活という面から政治を考えた平沢計七は、「民本主義の時代」の可能性を推し進めた人物だと言えるでしょう。平沢は労働運動家であるとともに、労働者が演じる労働劇団を設立し、労働者文化を生み出そうとしました。また協働の思想から消費組合を設立し、そこを基礎に労働者のための金融機関も構想します。労働者による共同体を構想し、社会運動や文化運動のなかでそれを実現しようとしますが、関東大震災下に、亀戸《かめいど》警察署で習志野《ならしの》騎兵連隊によって惨殺されてしまいます(亀戸事件)。

身体という面から政治を考えた山本宣治は、「改造の時代」の可能性に賭けた人物です。山本は生物学の研究者で、そこから性教育・性科学、さらに産児制限運動に関わります。一九二八年には労農党から立候補し、政治の世界に入り込みます。性の領域に正面から取り組むことを通じて政治に関わった山本は、「改造の時代」の思想を代表しています。しかし、衆議院予算委員会で三・一五事件の「拷問」について政府に問いただし、治安維持法の改正に反対するなか、政友会が強行採決をした一九二九年三月五日の夜、右翼団体の男に刺殺されます。

大正デモクラシーのなかを歩んでいく若者のひとりとして、小林多喜二がいました。多喜二の二九年の生涯は一九〇三年から三三年にかけての時期で、大正デモクラシーの時代にほぼ重なっています。多喜二は、平沢計七の追悼会に弔文を送っていますが、彼自身も虐殺されます。「人道主義的な憤怒」(蔵原惟人《くらはらこれひと》あての書簡に見える言葉)から社会主義に接近していた多喜二ですが、小樽高商軍事教練事件(一九二五年)をはじめ、磯野小作争議、小樽港湾争議という出来事が、彼をして「自覚的社会主義者」へとなりゆかせます。多喜二はこののち、小樽社会科学研究会に参加し、マルクス主義者となりゆき、資本主義社会を貫く「一本の「糸」」(同書簡)を手繰り寄せるのです。人道主義からマルクス主義へと思想を急進化させていくのは、ひとり多喜二だけではありません。すでに新人会に集った若い帝国大学学生たちが、同様の思想的なコースをたどっていました。「改造の時代」のひとつの型を見せています。

同時に、チャップリンの映画を好むなど、多喜二の映画好きはよく知られています。モダニズムとマルクス主義が多喜二の思想を形作っているのです。

さきのナショナリズムとモダニズムという面から言えば、平沢はナショナリズムを踏まえたモダニズムに傾斜し、山本はモダニズムをソシアリズム（社会主義）に接合させますが、多喜二はモダニズムからマルキシズムに直進していったと言えるでしょう。ともに、彼らは三人とも、現場の人びとと接することにより思想を推移させ、世界を改良する実際的な方向性を模索しています。一九二八年一月一日の日記に、多喜二はこう記します。

　さて新らしい年が来た。昨年は何をやった。……思想的に、断然、マルキシズムに進展して行った。古川《こがわ》、寺田〔社会科学研究会のメンバー〕、労農党の連中を得たことは、画期的なことである。

そして、「さて、新らしい年が来た。俺達の時代が来た。我等何を為すべきかではなしに、如何に為すべきかの時代だ」と書きつけます。一九二〇年代末葉の多喜二（そして、日本社会）

のもつ高揚感がうかがえます。

デモクラシーの主張と、急進化したマルクス主義の主張。大正デモクラシーの時期には、デモクラシーをめぐる多様で重層的な思想状況が見られました。デモクラシーの概念を、彼ら三人から示唆を受けながら、権力への規制と新たに定義したときには、ここに大正デモクラシーの新たな質――可能性が見られるともいえるでしょう。しかし、大正デモクラシーの可能性を示した三人が、活動のさなかに殺されてしまったということには暗然とします。この時代は、デモクラシーが圧迫され、断ち切るような暴力があった時代でもあることを、三人の死が語っています。

お薦めの五冊

①今井清一『成金天下』『震災にゆらぐ』(「日本の百年」のなかの二冊。筑摩書房、一九六一年、一九七八年。のちにちくま学芸文庫)

この時期に関しては、おもしろい通史がたくさんあります。それだけ、大正期がさまざまな出来事にあふれているということでしょう。なかでも「日本の百年」という、人びとの自伝や手記などで構成したシリーズのなかのこの二冊はお薦めです。今井さんは政治学者ですが、人びとの感情にまで踏み込んで、都市の時代としての大正デモクラシーを描きだしました。

②松尾尊兊『大正デモクラシー』（岩波書店、一九七四年。のちに岩波現代文庫）

大正デモクラシーの思想と運動を軸に、その全体像に迫った著作です。歴史家として松尾さんは大正デモクラシーのさまざまな局面を取り上げ、その可能性を追求しました。都市のみでなく農村における意識の変化に着目し、社会主義者と民本主義者の提携や被差別部落運動での動きなどを、たんねんな史料発掘をおこないながら明らかにしていきます。

③鹿野政直『大正デモクラシーの底流』（日本放送出版協会、一九七三年。『鹿野政直思想史論集』第一巻、岩波書店、二〇〇七年、に収録）

大正デモクラシーの可能性ではなく、その崩壊を綴った著作です。歴史学者の鹿野さんは民衆史研究として、大正デモクラシーがいかにすみやかに退場していってしまったかを、創唱宗教（大本教）、青年団運動、大衆文学（中里介山『大菩薩峠』）を通じて考察しました。大正デモクラシーが外在的なかたちで「民衆」に関わっていった、という認識が鹿野さんにあります。

④藤田省三『維新の精神』（みすず書房、一九六七年）

大正デモクラシーという考え方に対する批判的な著作もあげておきましょう。政治学者の藤田さんは、大正デモクラシーが「普遍的な価値」や「規範」の提供をなし得なかったとして否定的な論を提出します。ここには、大正デモクラシーがアジア・太平洋戦争を阻止し得なかったということもあるでしょう。藤田さんが唯一評価するのは、作家の有島武郎です。

⑤宮本研「美しきものの伝説」（『革命伝説四部作』河出書房新社、一九七一年、に所収）

大正デモクラシーを扱った文芸作品は少なくありませんが、そのなかから戯曲を選んでみました。大逆事件によって活動ができなくなるなか、同志で集まり再起を期す堺利彦や大杉栄ら、社会主義者たち。また、活動を開始する平塚らいてうや伊藤野枝ら、女性たちの群像を描きます。木下順二さんは、「冬の時代」（一九六四年）という戯曲にしています。

第5章　一九三〇年代の戦争は何をめぐる闘争だったのか

加藤陽子

西暦で考える理由

私が本シリーズで担当したのは五巻目にあたる『満州事変から日中戦争へ』です。対象とする時期を外交と軍事からみれば、関東軍の謀略によって満州事変が起こされた一九三一(昭和六)年から、ドイツ軍による欧州諸国への電撃的侵攻が一段落した一九四〇(昭和一五)年(以下、特に断らない場合は西暦の下二桁だけで表記します)までとなります。これを内政からみれば、軍内部の未発のクーデター・三月事件が計画された三一年から、大政翼賛会が成立した四〇年までとなり、さらに国際経済からみれば、イギリスが金本位制を離脱した三一年から、アメリカが民主主義国家の兵器廠《しょう》と自ら位置づけた四〇年までと総括できそうです。

以上をまとめれば、私が対象とした時代は、ヴェルサイユ・ワシントン体制という国際秩序を自らの国家にとっての桎梏《しっこく》とみなした日本やドイツが、軍事力を梃子《てこ》に実力で体制の変革を図ろうとした一〇年と説明できるでしょう。同時にこの一〇年は、日本において慣習的二大政党制から国民再組織を含む政治新体制への移行が模索された一〇年でした。このように、私が担当した巻は、世界と日本の体制が軌を同じくして流動化した時期に相当しますので、昭和六年から昭和一五年までの一〇年と考えるのではなく、「一九三〇年代」というまとまりでみた方が、より時代の本質に迫ることができると考え、この章のタイトルを「一九三〇年代の戦争は何をめぐる闘争だったのか」としました。

第二次世界大戦終結の地点から

ここでいったん話を第二次世界大戦終結の時点へと進めてみましょう。話が大きく旋回しますが、あとで必ず元に戻ってきますので、少しだけ我慢して読み進めてください。さて、一八世紀の哲学者ルソーは、その遺稿「戦争および戦争状態論」で次のようなことを述べています。戦争は、敵とされた相手国の政治の基本的枠組・秩序=「憲法」に対する攻撃という形をとる(長谷部恭男『憲法とは何か』岩波新書、二〇〇六年)、と。面白いことに、ルソーとほぼ同じことを、一九世紀の法学者ローレンツ・フォン・シュタインも述べています。憲法とは「社会的秩序の表現、国民的社会の実存そのものである。そこでは憲法が攻撃されたときは、憲法と法の枠外で、したがって武器の暴力をもって闘争の決着をつけねばならない」ものである（カール・シュミット「政治的なものの概念」、長尾龍一編『カール・シュミット著作集Ⅰ』所収、慈学社出版、二〇〇七年、二七一頁、傍点は原文）、と。

両者とも憲法を、大日本帝国憲法といった個別の憲法ではなく、より広いもの、国家を成立させている基本的枠組との意味で用いているのは明らかです。ならば、第二次世界大戦という、長く激しい戦いの果てに勝利した英米仏ソなどの連合国が、敗北したドイツや日本の「憲法」をいかに書き換えたのか、その着地点を確認すれば、両陣営を敵対に導いた基本的枠組が何であったのかを抉り出せるのではないでしょうか。むろん、ここにいう憲法とは、戦前期までのドイツや日本にとっての基本的な枠組や秩序を指します。よって本稿で行なうのも、書き換えられた「憲法」の具体的内容についての考察ではありません。私の意図するところは、戦前期までのドイツや日本の「何が」連合国側にとって問題とされたのか、この点の考察にあります。

ドイツ軍が連合国に降伏したのは四五年五月七日、日本がポツダム宣言を受諾し降伏したのは同年八月一五日（降伏文書への調印は九月二日）であり、これをもってヨーロッパとアジア双方の戦場で戦闘が終結しました。連合国はドイツの戦争犯罪人をニュルンベルク国際軍事裁判（四五年一一月二〇日設置）で、日本に対しては極東国際軍事裁判、いわゆる東京裁判（四六年五月三日開廷）で裁きますが、ニュルンベルク裁判について、裁判所の活動範囲や規則を定めたものが国際軍事裁判所条例でした。
以下、大沼保昭の論考(『戦争責任論序説』東京大学出版会、一九七五年)にしたがって、国際法上の「革命」に相当すると大沼が判断している国際軍事裁判所条例につき、その制定過程を確認しておきましょう。同条例は、四五年六月二六日から八月八日にかけて、米英仏ソ四カ国の代表を集めて開催されたロンドン会議で決定されました。同条例第六条の内容は二点あり、①侵略戦争を起こすことは犯罪であり、②戦争指導者は刑事責任を問われる、と書かれています。①を戦争違法観、②を指導者責任観と呼んでおきましょう。

条例はニュルンベルク裁判に向け準備されたものですが、東京裁判にも準用され、極東国際軍事裁判所条例第五条に同様の規定があります。すなわち、第五条で「左に掲ぐる一又は数個の行為は、個人責任あるものとし、本裁判所の管轄に属する犯罪とす」として「(イ)平和に対する罪」を掲げ、「宣戦を布告せる又は布告せざる侵略戦争、若《もしく》は国際法、条約、協定又は保証に違反せる戦争の計画、準備、開始、又は実行、若は右諸行為の何《いず》れかを達成する為の計画又は共同謀議への参加」に干与した個人、を裁くとしています(奥脇直也編『国際条約集』有斐閣、二〇〇九年)。

国際法上の「革命」とは

四五年六月に開始されたロンドン会議で決定された方針、すなわち、戦勝国が敗戦国の戦争指導者を裁判し、その刑事責任を問うとの方針は、なぜ、国際法上の「革命」と位置づけうるものとなったのでしょうか。①の戦争違法観については、二四年のジュネーブ議定書、二八年のケロッグ・ブリアン協定(不戦条約)等によって、ロンドン会議が開催された時点において国際社会での了解が既に成立していたとみなせます。しかし②の指導者責任観については、①と同様の了解が成立していたとはいえませんでした。事実、ロンドン会議においてフランス代表は、侵略戦争を起こした国や国民全体が損害賠償責任を負うのは理解できるが、戦争指導者を刑事責任の対象として処罰することはできないと主張して、米国代表のロバート・H・ジャクソン主席検察官(ジャクソンは米国連邦最高裁判事)が強く主張した、②の指導者責任観に異議を唱えました。

②は、ドイツとの戦争が終結した四五年段階でなお議論の余地のある問題だったことがわかります。しかし、アメリカの軍事力と経済力で決せられた戦勝であったことは間違いなかったために、アメリカのジャクソン主席検察官の主張が通り、②の指導者責任観、すなわち戦争指導者とされた者が刑事罰の対象となる、との新しい法概念が、四五年八月のロンドン会議において確立されました。②の指導者責任観については事後法に相当するとの自覚を共有しつつ、①戦争違法観と②指導者責任観が共に確立されたのです。革命と呼ばれるゆえんでした。

ここで、指導者責任観が新しい法概念だとの認識が、同時代の当事者にもあったことを確認しておきたいと思います。東京裁判が開廷され、四六年六月四日から始まった検察側立証の冒頭陳述において、キーナン主席検察官(アメリカ代表)は指導者責任観について次のように述べています。いわく「国際法上の最も重大な問題の一つであり、かつ恐らくその唯一の新しい問題」。いわく「個人が国家の首脳者として公の資格において犯した不法行為に付いて、歴史上初めて個人として罪を問われる」、「先例のないものである事を素直に認めます」と。

弁護側代表の清瀬一郎が、四七年二月二四日から始まった弁護側立証の冒頭陳述において「主権ある国家が、主権の作用として為《な》した行為に関して或る者が当時国家の機関たりしとの故《ゆえ》を以《もっ》て個人的に責任を負うというが如《ごと》きは国際法の原理としては」現在の時点においても広く国際的合意にはなっていない、との主張を展開したのは、ある意味当然のことでした(井上亮ほか『「東京裁判」を読む』日本経済新聞出版社、二〇〇九年)。検察側、弁護側ともに、②の指導者責任観が、国際法上の概念として新しいものだ、との自覚を持っていたということです。

侵略戦争を国際犯罪とみなす必要性

それでは、四五年までの旧来の国際法の了解では、戦争責任はどのように負われるべきだとされていたのでしょうか。それは、国家=国民全体の負うべきものとされていたのです。戦争責任の負い方としては、相手国への領土の割譲や賠償金の支払いという形をとって、実態的には敗戦国民が全体で背負うもの(＝国民責任論)と考えられていました。日清戦争において清国が賠償金支払いと台湾割譲を日本に対して行ない、日露戦争においてロシアが東清鉄道南支線や南樺太の割譲を同じく日本に対して行ない、第一次世界大戦においてドイツが巨額の賠償金支払いと植民地の実質的割譲(委任統治という形をとりましたが)を連合国に行なったことは、第一次世界大戦までの戦争が、国民責任論に基づいて戦後処理されてきたことを物語っています。国民責任論は、賠償金の支払いや土地の割譲という方法で実現されますので、経済的な負担を敗戦国民に負わせるということになるのです。ニュルンベルク裁判に先立つロンドン会議において、戦争責任は国民全体ではなく戦争指導者だけに負わせる、とのアメリカ主導の考え方が連合国の合意とされたことで、戦争責任をめぐる国際法は劇的に変容しました。

それでは、戦争責任を国家＝国民全体ではなく、戦争指導者に負わせるとの指導者責任論は、なぜ生まれてきたのでしょうか。大沼の研究によりながら、ロンドン会議をリードしたジャクソン米国最高裁判事の考え方を二点指摘しておきます。(i)アメリカが主張してきた「無条件降伏」という戦争終結方式をドイツや日本に対して採る時、国民責任論のままでは「戦争に敗北すれば国民は奴隷とされてしまう」と説く、敵国プロパガンダの格好の材料となってしまい、かえって絶望的な抵抗を招くので、国民と指導者とを明確に分断する必要があったこと。(ii)侵略戦争は「国際共同体に対する犯罪」であるとの考え方、すなわち「侵略戦争は国際犯罪」であるとの見方が生まれ、ならば、犯罪に対する刑事罰は個人が受けるのは当然との発想につながったこと。

注目すべきは(ii)で、大沼は(ii)について端的に、「ジャクソンは、観念的行動体としての国家行動の違法性の強調表現たる「犯罪」の用語に、国内法上の「犯罪」が当然に包含する個人の刑事責任の観念を結びつけることにより、これに新たな意味を付与したのであった」(大沼前掲書、二七二頁)とまとめています。

中立の義務、公平性

次に、(ii)のような考え方が、いかなる経緯でアメリカの中で誕生してくるのか、その過程について考察を進めましょう。つまり、侵略戦争を国際共同体に対する犯罪ととらえる発想がなぜ誕生してくるのか、その理由を考えたいのです。この「問い」を考えることで、世界と日本における一九三〇年代の歴史の特質が浮き彫りになるはずです。

ここで「問い」を別の言葉で言い換えておきましょう。侵略戦争を国際共同体に対する犯罪だとする発想がアメリカにとってなぜ必要とされたのか。「問い」を考えるためのヒントとしては、敵対する国家が行なった戦争行為を、自らの国家が行なった戦争行為と区別した上で、それは戦時国際法の規定する「戦争」ではなく「犯罪」だと認定できれば、「戦争」の範疇である場合に国際法で規定されるところの種々の法的しばりを受けることなく行動する自由を自国は享受しうるだろう、との予測が挙げられます。自国の武力行使を「犯罪」に対する取締り行為あるいは制裁行為として正当化できる時、自国は犯罪に対して罰を与える主体、相手は犯罪を行なう主体、との対比が自覚化されるでしょう。さらに、このような対比が可能になることで、伝統的な中立概念の要求する種々の制約を吹き飛ばす契機が生まれてきます。

一七世紀の思想家にして国際法の父・グロティウス以来の古典的な中立概念が要求する中立国の義務として最も重要なことは、双方の交戦国に対する「公平」の原則でした。交戦国を差別的に扱ってはならないということです。そのうえで、中立国には、①容認義務（中立国の海上交通を交戦国が封鎖あるいは船舶を海上捕獲した場合、中立国はそれを容認しなければならない）、②回避義務（中立国は交戦国に軍事援助を与えてはならず、軍需品を売却してはならず、交戦国の公債に保証を与えてはならない）、③防止義務（交戦国が中立国の領域を軍事的に利用するのを中立国は実力をもって防止しなければならない）などの制約が課せられていました（加藤陽子「アメリカ中立法と日中戦争」『模索する一九三〇年代』第二章、山川出版社、一九九三年）。中立国たるもの、交戦国による戦争に巻き込まれずに中立を謳歌したいのであれば、容認・回避・防止という義務を負って当然、との発想からきていることは見やすい論理でしょう。

一方に対する差別的な経済制裁

しかし、時代も二〇世紀を迎え、第一次世界大戦が総力戦として戦われた結果、世界は経済制裁というものの効力を嫌というほど知ることになりました。軍事的には優っていたドイツが最終的に敗けた要因として、英米等による対独海上封鎖があったことはよく知られています。この経験をもとに、大戦後、一九二〇年に創られた国際連盟が、侵略国の戦争継続や拡大の意欲を効果的に殺ぐ手段として、経済制裁を用いようとしたのは当然の流れだったでしょう。国際連盟規約第一六条は、連盟によって侵略国と認定された国に対し、連盟加盟国はいっさいの通商上金融上の関係を断絶しうる、との経済制裁を内容としていました。

その際に重要なポイントは、連盟加盟国が侵略国に対してのみ経済制裁を行なうと了解されていた点にあります。連盟加盟国は、侵略国に対して宣戦布告をするわけでも参戦するわけでもなく、中立国の位置に留まりながら経済制裁を差別的に行なうことになります。このような行為は、古典的な中立概念では許されないことでした。旧来の中立概念であれば、侵略国と被侵略国の双方の交戦国に対し、中立国は公平と回避の立場をとらなければならなかったからです。さらに、一九二一年の第二回連盟総会の決議では、連盟規約第一六条の執行方針として、侵略国の非戦闘員への食糧輸送の阻止、飢餓封鎖をも含む、と確認されるまでになっていました。

連盟規約上は存在した経済制裁が現実に発動されたのは、二九年の世界恐慌、三一年のイギリスの金本位制離脱を経たあと、三〇年代なかばのことでした。三五年一〇月のイタリア・エチオピア間の紛争に際して連盟総会は、イタリアを侵略国と宣言したうえで同条に基づく経済制裁の適用を決定します。その際の、連盟加盟国ではなかったアメリカのとった行動は注目にあたいします。アメリカは三五年八月の中立法をイタリア・エチオピア戦争に対して発動し、連盟と共同歩調をとりました。アメリカがこの時点で発動した中立法は連盟の経済制裁とは違い、字面の上では、交戦国双方に無差別に武器・弾薬・軍用機材の禁輸を適用するものでした。

しかし運用という点で、三五年のアメリカ中立法は、イタリアに対して不利に作用しました。連盟の方針では石油類は禁輸項目には入らなかったにもかかわらず、アメリカにおいては石油のような日用品を扱う荷主への圧力や警告がなされたのです(Edwin Montefiore Borchard, *Neutrality for the United States*, New Haven: Yale University Press, 1940, p. 320)。また、当然のことですが、アメリカから武器・弾薬・軍用機材を購入することができたのはエチオピアではなくイタリアでしたので、実質的には交戦国双方に対しての公平原則は破られていたといえるでしょう。

イタリア・エチオピア戦争に中立法を適用するにあたって、時のアメリカ大統領ローズヴェルトは、平和促進のため平和国家と協調する方向での自由裁量が大統領に与えられてしかるべきだとの意見を持っていました。このような大統領の考え方を、いま一歩進めれば、ある種の国家の行為が国際犯罪であるならば、自国は中立の位置に立ちつつ、侵略国に対して公平と回避の義務を負うことはない、との考え方が生まれます。自国を中立の地位に置きながら、侵略国に対して差別的な行動をとれるとの発想でした。

「中立」アメリカの経済的威力

しかしながら、連盟の経済制裁に参加する国、あるいはアメリカのように中立法を発動して連盟の経済制裁に参加する国の経済の規模と力が尋常ならざるものであった場合、やっかいな道義的な問題が発生しうることになります。イェール大学ロースクール教授ボーチャードの批判は、まさにこの一点を抉るものでした。ボーチャードは四〇年に出版された『アメリカの中立』の中で、三〇年代のアメリカが、古典的な中立概念を変更し、中立法を経済制裁の手段として用いようとしたことに対し、「外国の戦争を短期的に終らせるのに禁輸を用いるという道義的な目的は、新しい概念を生みだした。それは、戦争を防止しなかったという理由でその国民を餓死させるのが中立の機能であるという概念である」と辛辣な批判を展開していました(Borchard, *op. cit.*, p. 325)。

絶大な経済力を持つアメリカが、自国の中立法を経済制裁の手段として用いることの意味の政治的重要性につき、同時代のドイツの政治学者が気づかなかったはずはありません。第一次世界大戦においてイギリスの行なった経済封鎖に最も苦しめられたのはドイツだったからです。カール・シュミットは三二年の論考「政治的なものの概念」において、「経済に底礎された帝国主義は当然のことながら信用封鎖、原料封鎖、外国通貨の信用破壊等のごときその経済的権力手段を思うように使うことができ、かつ、それで万事事足りるような地上の状態をもたらそうと努めるだろう」(長尾編『カール・シュミット著作集 I』、三〇一頁)と述べています。

むろんここにいう「経済に底礎された帝国主義」国とはアメリカを指しています。この時点でのシュミットはいまだナチス法学への加担者としての立場をとっていたわけではなく、武力の威力で相手国に政策の変更を迫る行為と、経済の威力で相手国に政策の変更を迫る行為には、果たしてどれだけの質的な差異があるのか、この点について原理的な考察を加えたものでしょう。前者が侵略で後者が平和的だと簡単に割り切れるのだろうか、それが、シュミットの懐いた「問い」でした。

ジャクソンのハバナ演説

このような、ボーチャード、シュミットらの考察が指摘した、ある種の真理に対し、アメリカが用意した最終的かつ包括的な反論が、四一年三月二七日、ハバナで、当時は司法長官であったジャクソンによってなされた演説でした。まさに、四五年六月のロンドン会議を仕切ったジャクソン主席検察官その人が、四一年三月の演説で何を述べていたのかは気になるところです。ジャクソンは旧来の中立概念が課す公平性や回避義務をアメリカが無視してよい理由を以下のように述べました(大沼前掲書、一三九頁)。

現在行われている侵略戦争は国際共同体に対する内乱である。現在進行中の明らさまな侵略に対しては〔中略〕米国及び他の諸国は差別措置をとる権利を主張できる。

四五年八月のロンドン会議の考え方が四一年の時点で既にみられる点にまずは驚かされます。さらに注目されるのは、ジャクソンの議論が、アメリカを中立違反とする非難に対し、その批判を封ずる論理を構成していたことです。侵略戦争は国際共同体に対する内乱であるから、それを起こした者に対する取締り=制裁を課すにあたってアメリカは公平性にしばられることなく、差別的に振る舞うことができるのだと。侵略戦争を国際共同体に対する内乱と捉える視角は、戦後のロンドン会議において、戦争指導者に刑事罰を与えるための根拠となりましたが、戦前のハバナ演説においては、アメリカを中立義務違反との非難から救う根拠をなしたのです。

よく知られたように、三九年九月一日に勃発した第二次世界大戦に際して、アメリカは中立を保ってきました。しかし、(i)三九年一一月三日のアメリカ中立法の修正(武器禁輸を撤廃し、交戦国への輸出を現金・自国船主義に変える。現金・自国船主義とは、物品の輸入にあたって、現金での前払い、かつ自国の船舶での輸送を条件とすること）、(ii)四〇年九月三日の米英防衛協定の調印（アメリカが駆逐艦を五〇隻提供することの見返りに、イギリスはニューファンドランド、バミューダ、英領西インド軍事基地をアメリカへ貸与）などは、旧来の考え方からすれば中立違反といわれてもしかたのないものでした。四一年三月二七日のハバナ演説が、同年三月一一日の武器貸与法の成立後になされた意味はここにあります。三九年九月から四一年三月までの期間、すなわち武器貸与法制定以前にアメリカが実施した中立違反相当の事案について、あからさまな侵略＝内乱に対してアメリカは「差別措置をとる権利」があるとの観点から、一括して正当化したということになります。

ここで四一年三月の武器貸与法の内容をみておきましょう。本法は、合衆国の防衛に必要であると認められる国、具体的には、英国、ソ連、中国、フランスその他の連合国などに対し、大統領の判断によって、武器またはその他の物品を売却・貸与・無償譲渡できるとした法でした（有賀貞ほか編『世界歴史大系　アメリカ史 2』山川出版社、一九九三年、二九九頁）。この法を制定することでアメリカは、それまでのように「中立のふり」をせずともよくなったのです。

「中立」アメリカと日中戦争

それでは、武器貸与法が成立する以前、アメリカが中立状態のまま英仏援助の立場を明確にして連合国をターゲットとした軍事援助に踏み切る以前、すなわち三〇年代の世界において、アメリカの「中立」(あるいは「中立のふり」)が東アジア情勢に持った意味について考えてみましょう。交戦国に対して「差別措置をとる権利」を公然と主張し始めた四一年三月以前のアメリカの立場を確認しておきます。太平洋戦争開戦五〇周年を記念して九一年、山中湖で開催された国際会議において、日米開戦について優れた著作のあるウォルドー・ハインリックスは三〇年代の東アジアにシステムがなかった点が問題であったとまとめた後、次のように日本とアメリカを位置づけています(細谷千博ほか編『太平洋戦争』東京大学出版会、一九九三年、六四八頁)。

それからアンチ・システムの国が二つあったわけです。一九三〇年代の日本。アウタルキーを求めていた自己中心的な帝国でした。三〇年代のアメリカもそうです。

三〇年代におけるアンチ・システムの国として、日本とアメリカを一括して見る視角が非常に興味深いと思われます。アンチ・システムの国とはいえ、アメリカはその時々の国際情勢に応じて中立法の内容を修正し、改定しつつ用いることで、対外的国際的に大きな影響力をもっていました。カール・シュミットは、三二年に著した論考「現代帝国主義の国際法的諸形態」の中でアメリカの力を次のように表現しています（長尾編『カール・シュミット著作集 Ｉ』、三三一頁）。

かかる弾力性、広い概念を用いて全世界の人々にその尊重を強制する能力、これこそ世界史的重要性をもった現象である。決定的重要性をもった政治的概念において重要なのはその解釈者・定義者・適用者である。〔中略〕人類一般の法生活・精神生活において千鈞《せんきん》の重みをもつ現象の一つは、真の権力者とは自から概念や用語を定める者であることである。

アメリカ中立法は、一八世紀以来の歴史をもっており、ひとくちに中立法といっても、二〇世紀においてだけでも、一五年三月の法、一七年六月の法、三三年一月のボラー決議案、三三年四月のマクレーノルヅ決議案、三五年八月の両院合同決議（両院合同決議とは大統領の署名後、法律と同等の効力を有するもの）、三六年二月の両院合同決議、三七年五月の両院合同決議、三九年一一月の両院合同決議などがありました（横田喜三郎「アメリカ中立法の研究」、一又正雄ほか編『時局関係国際法外交論文集』巌松堂、一九四〇年）。

三七年七月七日に偶発的に勃発し、後に日中戦争と呼称されることになる日中間の紛争に際して、日本と中国双方の戦争の形態に大きな影響を与えたのが、三七年五月に制定されたアメリカ中立法でした。これは、イタリア・エチオピア戦争に発動された三五年の中立法とは違い、法律としての体裁が整っています。内容としては、①武器・弾薬・軍用機材の禁輸、②戦争状態の認定について大統領の裁量権を認める、③交戦国の公債・有価証券の取扱いの禁止、交戦国への資金・信用供与の禁止、④物資・原材料の輸出制限(現金・自国船主義による)など包括的なものでした。

宣戦布告の可否を左右した中立法

日本側を苦しめたのは、②と③の項目だったと判断できます。日中戦争がアメリカ大統領によって戦争と認定されれば、日本にとって重要な、アメリカ金融経済市場を通じた決済や資金調達が不可能になってしまう点が懸念されていました。中国に比べて金と船舶を多量に有していた日本にとって、④の現金・自国船主義は、むしろ日本に有利な条項だと見なされていました。アメリカ中立法が日中戦争に適用されるかどうかが、日本にとって悩ましい問題であったことは、宣戦布告の可否をめぐり、内閣第四委員会において、企画院次長、外務・大蔵・陸軍・海軍・商工の五省の次官をメンバーとし、宣戦布告の利害を研究していたことからもわかります。三七年一一月のことでした(加藤前掲書、七〇頁)。

興味深いのは、中国に対して日本が宣戦布告を行なうかどうか、その可否につき、外務・陸軍・海軍三省が費やした議論の大部分が、アメリカ中立法発動の可能性の有無に向けられていたことです。宣戦布告する場合の不利益の第一に挙げられていたのは、アメリカ中立法が発動されることにより、日本の貿易・金融・海運・保険に波及する影響が甚大、との判断でした。

三七年八月中旬から上海・南京の戦場で戦われた日中間の戦闘は、蔣介石《しょうかいせき》のドイツ人顧問をして「ヴェルダン以来、最も激しい戦闘」と表現されるものでしたが、日本は中国に宣戦布告せず、また中国も宣戦布告しませんでした。日本が宣戦布告しなかった理由は、アメリカ中立法を避けるためでした。外務・陸軍・海軍三省が擂り合わせた文書からわかることは、宣戦布告を行なう利点も多かったことで、宣戦布告すれば、(i)戦時国際法の認める軍事占領・軍政施行など、戦時国際法で定められた交戦権の行使が可能となる、(ii)中立国船舶への臨検・戦時禁制品の輸送防遏《ぼうあつ》・戦時海上封鎖が可能となる、(iii)賠償を正当に請求できる、などが挙げられていました。宣戦布告には有利な面もあったということです。

以上をまとめて、三八年に著された論考「戦争概念と敵概念」中の言葉でシュミットに概嘆させれば、「宣戦布告をすると当然に不法行為者の烙印をおされてしまうから、宣戦布告は危険なものとなった。そればかりではない。非軍事行為が最大の有効性と直接性をもった敵対行為たりうる反面、力を込めて荘重に友好的意図を標榜しつつ軍事行動を遂行しうるようになった」(長尾龍一編『カール・シュミット著作集Ⅱ』慈学社出版、二〇〇七年、一〇五頁)となるでしょう。「そればかりではない」、のあとに続く「非軍事行為が最大の有効性と直接性をもった敵対行為」という部分の主語をアメリカとし、「力を込めて荘重に友好的意図を標榜しつつ軍事行動を遂行」という部分の主語を日本と読めば、シュミットの指摘のはらむ、ある種の真実性を否定することは簡単ではないと思われます。

奇妙な戦争の現代的意義

日中戦争を表現する際の日本側の語彙が変化していくのは、まさに、シュミットの論考「戦争概念と敵概念」の書かれた三八年からでした。第一次近衛《このえ》文麿《ふみまろ》内閣において、首相のブレインであった知識人グループ、昭和研究会作成と推定される「現下時局の基本的認識と其《その》対策」(三八年六月七日付)には、次のような、日中戦争の性格づけが見られます。「戦闘の性質――領土侵略、政治、経済的権益を目標とするものに非《あら》ず、日支国交回復を阻害しつつある残存勢力の排除を目的とする一種の討匪戦《とうひせん》なり」。目の前の戦争を、日本側は匪賊《ひぞく》を討伐するという意味で、討匪戦と呼んでいました。

ここで私は、近衛内閣がブレインとした昭和研究会など知識人グループの戦争認識の不適切さを述べたいのではありません。三二年の論考「現代帝国主義の国際法的諸形態」でシュミットが述べていた「真の権力者とは自から概念や用語を定める者」を想起する時、昭和研究会はさすがに当時の第一級の知識人を網羅していただけあって、「自から概念や用語を定める者」であるアメリカに似せて、自らの新しい戦争の「かたち」に名前を与えていたのではないか、との見方を示したかっただけです。三〇年代の世界と日本の歴史を眺めていますと、将来的に東アジアあるいは環太平洋地域の「真の権力者」となるはずのアメリカが創出しつつあった新しい国際規範を横目で確認しつつ、自らの遂行する戦争の「かたち」、戦争の「かたち」だけを、アメリカ型の規範に沿うよう必死に造型していた日本の姿がどうしても目に浮かぶのです。

政治の民主化、経済の自由化を掲げ、世界の平和と人道の擁護者として、侵略戦争を国際共同体に対する内乱＝犯罪であるとするアメリカ。「概念や用語」の定義を定める者であるアメリカ。三〇年代の日本が、そのようなアメリカの強い影響下にあり、アメリカの定める「概念や用語」を形式的に模倣しさえしていたといえば、読者の皆さんは、そんな馬鹿な、と思われることでしょう。しかし、たとえば、目の前で戦っている相手国を国家として認めず、あたかも「国際共同体に対する内乱」を起こした者と見る視角は、すでに見たことがあるはずです。

アメリカの場合、四一年三月、ハバナにおいてなされたジャクソン演説がそれにあたります。日本の場合、第一次近衛内閣の最初の声明、三八年一月一六日の「国民政府を対手《あいて》とせず」声明がそれにあたります。続く、三八年一一月三日の「東亜新秩序」声明、同年一二月二二日の

「近衛三原則(善隣友好・共同防共・経済提携)」声明は、戦っている相手に対して「力を込めて荘重に友好的意図を標榜しつつ軍事行動を遂行」(シュミット「戦争概念と敵概念」)する行為にあてはまります。日本の三つの声明を並べれば、支離滅裂なアクロバティックなものに見えます。しかしこれは、新しい戦争概念のもとで必ず発生する二つの行為のうち、最大の有効性をもった非軍事的な敵対行為に対してとられる、もう一つの行為、「友好的意図を標榜しつつ軍事行動」を継続するという、典型的なパターンにあてはまっています。

私が第5巻で描いたのは、これまで述べてきたような、新しい国際規範がアメリカ主導で創出されつつあった三〇年代、「概念や用語」の定義者となってゆくアメリカに対し、「概念や用語」の解釈をめぐり、日本がいかに自らの行為を正当化しようと図ったのか、その全過程についてでした。二〇年代まで時代を遡り、「概念と用語」をめぐる攻防、具体的には、①二〇年の新四国(米英仏日)借款団加入時の「満蒙特殊権益」解釈、②二八年の不戦条約締結時の自衛権解釈、③三二〜三三年のリットン報告書中の日本の在華「特殊権益」解釈、④三七年のアメリカ中立法と日中戦争宣戦布告問題、などを描きました。

戦争一色の時代に見える三〇年代ですが、シュミットが「激しい対立はその決定的瞬間において言葉の争いになる」(長尾龍一『カール・シュミットの死』木鐸社、一九八七年、一六二頁)と述べているように、この時代の歴史は、むしろ語彙と概念をめぐる闘争の時代であったといえるでしょう。

そうであるからこそ、軍事力ではなく、経済力でもなく、言葉の力で二一世紀を生きていかなければならないはずの若い世代の方々には、是非ともこの時代の歴史に親しんでいただきたいと願うのです。また、自らが生をうけた時代であったが故に距離感をもってこの時代を眺めることができなかった世代の方々には、中立法を経済制裁の手段として使おうとするアメリカ流の法概念の面白さなどから入ることで、いわば時代を鳥瞰図として眺める姿勢を身につけていただければ、書き手としてこれ以上の喜びはありません。

お薦めの五冊

① クリストファー・ソーン、市川洋一訳『満州事変とは何だったのか』上・下（草思社、一九九四年）

イギリス国立公文書館の文書群をベースに各国史料を広く深く読み込んで書かれた名著。傑出した歴史家が歴史の決定的瞬間を眼前に再現させようとした時のすさまじいまでの迫力を体感できます。他国領土への侵略の果てに国際的にも孤立した日本、との一九三〇年代のイメージが、一読後相対化されることは必定です。

② 入江昭『日本の外交』（中公新書、一九六六年）

近代日本の外交を支配した原理にはいかなるものが存在し、その諸原理は変転する国際情勢をつかむうえでいかなる役割を果たしたのか、との骨太の問題意識に立って維新期から日米安保改定までを通観した古典。強いイデオロギー性という点で一九三〇年代の日本外交が前後の時代と比べていかに特異だったかわかります。

③ 橋川文三『日本浪曼派批判序説』（未来社、一九六〇年。のちに講談社文芸文庫）

橋川が戦後のある座談会で日中戦争を指して「日本人はあれを戦争と思っていたのか」との問いを発していたことは、本シリーズ第5巻の「はじめに」に書きました。戦時中に小林秀雄と保田与重郎に心酔した橋川だからこそ、一九三〇年代の思想の担い手たちが直面していた、戦争という政治的局限状態の苛酷さの内実に思いを致すことができたのでしょう。本書と『小林秀雄全作品』一二〜一四巻（新潮社、二〇〇三年）の併読は殊にお薦めです。

④ 藤原彰『天皇の軍隊と日中戦争』（大月書店、二〇〇六年）

陸士卒の将校として中国戦線で中隊の指揮にあたった経験をもつ著者の遺著。日本の軍隊が昭和の戦争において非人道的な戦争犯罪に手を染めた要因を、天皇の軍隊としての成立と発展の過程から探った諸論考から成っています。生命の軽視、補給の軽視、軍紀の崩壊、性暴力の日常化などの背景がしっかりと頭に入るはずです。

⑤ 堀田善衞「時間」『堀田善衞全集』〈２〉（筑摩書房、一九九三年）所収。

一九三七年一二月の南京事件に至る過程を、包囲される側の中国人の眼を通して描いた小説。堀田は、国際文化振興会上海資料室員として太平洋戦争の敗戦を上海で迎え、対日文化工作のため中国国民党に徴用されるという稀有な経歴を持つ人物です。『堀田善衞 上海日記』（集英社、二〇〇八年）には日中戦争の特質についての注目すべき明察がなされており、こちらも併読をお薦めします。

第6章　なぜ開戦を回避できなかったのか

吉田　裕

戦争の見通し

開戦の時点で、アメリカの国民総生産は、日本の一一・八三倍にも達していて、国力で見る限り、日米戦争は、明らかに「無謀な戦争」でした。もちろん、日本政府や軍部にも戦争に勝利するための戦略的見通しが全くなかったわけでは、ありません。ほとんど唯一といっていい、そうした政策文書が一九四一年一一月一五日の大本営政府連絡会議で決定された「対米英蘭蔣戦争終末促進に関する腹案」です。この文書のポイントは次の通りです。

1　アジアにおける米英の根拠地を占領して重要資源地帯・交通路を確保し、長期戦に耐えられるだけの自給自足圏を建設する。

2　米海軍の主力艦隊を誘い出して、撃滅する。
3　日独伊三国の協力により、最初にイギリスを屈服させ、アメリカの戦意を喪失させる。
4　あらゆる手段を駆使して、中国の蔣介石《しょうかいせき》政権を屈服させる。以上の施策により、できるだけ有利な条件で講和に持ち込む。

しかし、このシナリオは極めて非現実的なものでした。そもそも単独で日中戦争に勝利できなかった日本が、新たに米英との戦いを開始しながら、どうして中国を屈服させることができるのでしょうか。対中国戦争では、独伊の実効ある支援は期待できません。また、独力でアメリカを屈服させるだけの国力を日本は持っていませんでしたし、そのことは日本側も認識していました。したがって、イギリスの降伏により、アメリカの戦意を喪失させるという間接的アプローチがとられることになります。

しかし、イギリス打倒のため日本ができることは、東南アジアにおける、その植民地の奪取が限界であり、基本的には「ドイツ頼み」にならざるを得ません。また、アメリカの抗戦意思の過小評価も、この政策文書の大きな特徴です。この程度の戦略的見通ししか持ち得なかったところに、この戦争の無謀さがよく示されています。

とはいえ、対米英開戦に強い危惧を抱いていた人が少なからず存在したことも事実です。政府の総力戦研究所が独自のシミュレーションを行い、多数の船舶の喪失によって、日本の戦争経済は長期戦に耐えられないという結論を出したことは、よく知られています（猪瀬直樹『昭和一六年夏の敗戦』文春文庫、一九八六年）。

また、軽装備の中国軍の戦闘と対ソ・対米英戦とを同一視することに警鐘を鳴らしていた軍人もいました。田中隆吉《りゅうきち》陸軍省兵務局長は、『偕行社《かいこうしゃ》記事』一九四一年九月号に、「雲涯生」のペンネームで、「老婆心録」というエッセイを書いていますが、その中で、次のように主張しています。開戦直前の主張としては、かなり大胆なものと言えるでしょう。なお、『偕行社記事』は、陸軍将校の教育・研究誌です。

将来若《も》し近代化せられたる北方若《も》しくは南方の軍隊と戦ふに際し、対支那軍の戦闘に於《お》いて得たる教訓乃至《ないし》経験に基き訓練せられたる軍隊を以《もっ》て果して所期の戦果を挙げ得るであらうか。砲兵なく僅《わず》かに迫撃砲のみの支援の下に防禦しある敵陣地に対する攻撃法を以て、機械化せられたる優勢なる砲兵と戦車を有する敵に対し、果して現在の訓練を以て足れりと言ふべきであらうか。

さらに、一般の国民の中にも、同様の危惧が存在しました。これは、開戦後のことですが、

『創作』の一九四三年三月号には、山本広治という人の次のような短歌が載せられています（高崎隆治『生きて再び逢ふ日のありや　私の「昭和百人一首」』梨の木舎、一九八七年）。

大方は米国製なる工作機の耐用期間をわが思ひ見つ

軍需生産の中軸となる工作機械の国産化が達成されていない現実を見すえる冷静な「現場の眼」が、ここにはあります。

開戦決定の背景

それにもかかわらず、なぜ、開戦は回避できなかったのか。この問題を明らかにすることが、シリーズ第6巻『アジア・太平洋戦争』の大きな課題の一つですが、その際、私は次の視点を重視しました。

第一には、組織のかかえる問題点です。戦前の日本には、「統帥権《とうすいけん》の独立」という考え方が強固に存在しました。これは、軍隊に対する指揮・命令の権限は、天皇の大権であり、内閣や議会の関与を許さない、というものです。同時に、この考え方は、制度化されていました。参謀本部の陸軍省からの独立、軍令部の海軍省からの独立、陸海軍大臣の任用資格を現役将官に限定した軍部大臣現役武官制などが、それです。このため、内閣は、軍部をコントロールすることができませんでした。また、軍部の内部では、陸海軍が完全に分立していましたし、憲法上は各国務大臣が天皇を直接輔弼《ほひつ》(補佐)するという形をとっていましたので、総理大臣の権限自体も大きなものではありませんでした。

こうした分立的な国家機構の下で深刻な路線対立が生じた場合には、高度な政治判断に基づく決断や、論理的な論争を通じた合意形成の努力は放棄され、政策決定は、両論併記的な性格を色濃く帯びます(吉沢南『戦争拡大の構図』青木書店、一九八六年)。しかし、「併記」が問題の根本的解決にならないのは明らかです。むしろ「両論併記」は、新たな抗争の出発点となり、二つの勢力間の争いは、次のステージに移行します。このような対立と抗争を繰り返しながら、次第に後戻りできない地点まで自ら追い込まれていった、というのが開戦決定に至る政治過程の特質ではないでしょうか。あえて「自ら」と書いたのは、対米英戦の開戦決定は、米英の強硬な対日政策の結果だと単純には考えられないからです。

第二には、政治主体の責任という視点です。国家諸機関が分裂していて、政策決定が「両論併記」的性格を帯びるという事実から直ちに、だから戦争は回避できなかったのだ、という結論を導きだすのには大きな問題があります。それだけでは、政治主体の側の責任という問題が抜け落ちてしまいます。

少し具体的にみてみましょう。総理大臣の権限が弱いということは、所管の事項に関しては、各国務大臣の権限が強いということと表裏の関係にあります。サンフランシスコ講和条約の調印を前にした五一年四月、外務省は吉田茂首相の指示で、「日本外交の過誤」と題した調書をまとめていますが、その中に、戦時外交の中心となるべき外務大臣の「弱腰」を批判した次の一節があります。

外務大臣がやめる腹さえ決めたら、もっと何とかなっただろう。少くとも一時的にもせよ事態の進行を喰い止めえたであろうと思われる場合が少くない。それでも結局は大勢を如何ともできなかったであろうということは、当事者の弁解として成立たない。当時の内閣制度の下においては、一人の大臣ががんばれば、内閣の総辞職を余儀なくせしめることができたのである。重大事に当っては、何でも彼でも穏便におさめるという必要はない(小倉和夫『吉田茂の自問』藤原書店、二〇〇三年)。

外務大臣には、辞職という切り札があったにもかかわらず、それを行使せず、軍部の強硬路線に同調したという痛烈な批判です。

この批判は、海軍首脳部にも、当てはまります。旧海軍関係者は、戦後、何度か非公式の

「反省会」を開催していますが、八〇年一二月の「反省会」では、佐薙毅・元大佐が、「海軍の大臣とか次官、軍令部総長、あと本部長ですか、あと各部長、それから軍事参議官、すべてですね、易きに付いて、腹の中では思っても、いざという時に自分の身を犠牲にしても、あの時分そういう殺される危険をおかしても、戦争を止めさせるということをしなかったというところに、そういうところに海軍の指導部がね、勇気と決断がなかったということを痛感しました」と発言しています（戸高一成編『［証言録］海軍反省会』ＰＨＰ研究所、二〇〇九年）。

第三は、日中戦争との関連性という視点です。アジア・太平洋戦争の開戦に直接の責任を負っているのは、言うまでもなく東条英機内閣ですが、歴史的にみた場合、やはり開戦の遠因という問題を考える必要があるでしょう。この点を戦後の早い時期に指摘していたのは、法学者の戒能通孝《かいのうみちたか》です。戒能は、「中日戦争と太平洋戦争」という論文の中で、この二つの戦争が密接不可分の関係にあったことを強調しながら、次のように述べていたのです。ちなみに、この論文は、『中国研究』第六号（一九四九年）に掲載される予定でしたが、ＧＨＱの検閲により、全文が削除されています。

実際において太平洋戦争は、中日戦争の心理的、および論理的拡大であり、かつその帰結にすぎなかった。東条とその内閣は、中日戦争の心理的に組織しきたったものをほぐしだし、これに最終的タッチを与えるだけの役割を演じたのみである。車が坂道からころがりおちてくる場合、途中で一押しを加えた者の責任は、初めに車を落した者に比較して、果してより多く重大だといえるだろうか。

それでは、日本が坂道を転がり始めたのは、いつからでしょうか。もちろん、満州事変までさかのぼることもできますが、日本外交の選択肢を大きく狭めてしまったという面でも、臨時軍事費の成立によって、コントロール不能の巨大な軍事力をつくりあげてしまったという面でも、日中戦争の勃発とその拡大が決定的な意味を持ったと私は思います。国家指導者としては、第一次近衛《このえ》内閣(一九三七年六月〜一九三九年一月)の首班、近衛文麿《ふみまろ》の政治責任が大きいといえるでしょう。

繰り返される問い

今までみてきたところからも明らかなように、「なぜあの戦争を回避できなかったのか」という問いは、戦争の原因や責任に関する問いを含んでいます。重視する必要があるのは、この国の戦後史の中で、この問いが繰り返し発せられてきたことです。敗戦直後のベストセラーの一つに、森正蔵『旋風二十年——解禁昭和裏面史(上)(下)』(鱒書房、一九四五〜四六年)があります。その序文の中で森は、敗戦という「今日の悲しむべきわが転期の誘因」を解明する作業について、「敗戦の今日、今さらかうした究明を試みることが徒労であると云《い》ふ勿《なか》れ。これはわれ等の再建の第一歩において、真摯に、また克明に行はれなければならぬ重要な課題の一つである」と書いています。

この序文には、開戦原因ではなく、「なぜ負けたのか」という敗戦原因論への傾斜が見られますが、同じ時期に、読売新聞論説委員の長文連《ちょうふみつら》が書いた『敗戦秘史　戦争責任覚え書』(自由書房、一九四六年)は、戦争責任の問題を正面から論じた著作です。長は、「八月十五日、降服してから早くも五ケ月になる。〔中略〕然《しか》しまだほんとのデモクラシーの軌道に乗つてゐないといふ気がする。又事実はさうである。これは何故だらうか。それは満州事変から支那事変、大東亜戦争にかけての戦史の真相が未だ明かにされてゐないからだ」とした上で、戦争責任問題の解明が急務の課題であることを強く訴えています。いずれにせよ、この国の再建や民主化のためには、戦争の原因や戦争責任の問題を解明することが、必要不可欠な課題であると認識している点では両者は完全に一致しています。

しかし、その時から、半世紀以上の歳月が流れた二〇〇五年八月一三日、『読売新聞』は、「検証　戦争責任」の連載を開始しますが、この企画の狙いを同紙は次のように説明しています。

日本の敗戦から六〇年。先の大戦の戦争責任をめぐっては、極東国際軍事裁判(東京裁判)があるが、裁判のあり方に問題があっただけでなく、何よりも、日本国民自らが判断したものではない。悲惨な犠牲を生んだ先の戦争について、日本人自らが検証し、戦争を阻止できなかった政治・軍事指導者の責任を今こそ明らかにしていく必要がある。

ここには、六〇年たってもなお、戦争責任問題の検証の必要性を主張しなければならない現実があります。なぜ、このような状況が生まれたのか。国際的要因としては、冷戦への移行によって戦争責任の追及が棚上げにされたことを指摘することができるでしょう。つまり、冷戦への移行に伴って、アメリカは日本の民主化や戦争責任の追及に対する熱意を失い、政策の軸足を日本の経済的復興と親米保守政権の育成に移したのです。

昭和天皇の戦争責任を例に、この問題をもう少し具体的にみてみましょう。天皇に戦争責任があるかどうかは、現在でも意見の分かれるところですが、少なくとも一国の元首として、敗戦の結果、深刻な惨禍をもたらしたことに対しては道義的責任がある、という主張は、敗戦直後から、根強く存在しました。天皇自身も、自分に向けられたそうした批判的眼差しを意識していたようです。天皇の侍従であった入江相政《すけまさ》の、五二年八月一五日の日記には、「今日は終戦記念日なのでどうしても〔天皇は庭に〕お出にならない。それに今日夕方、宮内記者が来るので又何とかかとか書かれてはといふお気持、旧軍人が陛下をお恨みする気持も残つてゐるしとお考へになるらしい」と書かれています(『入江相政日記3』朝日新聞社、一九九〇年)。

このような厳しい状況があったため、占領期には、天皇の退位論がたびたび浮上してきます。また、退位しないまでも、天皇が自らの責任を認め国民に謝罪する「お言葉」を公表すべきだという構想もありました。しかし、そのいずれも実現しませんでした。GHQが、占領政策の円滑な遂行のため、「目下の同盟者」として昭和天皇を利用したことが直接の原因でしたが、冷戦下で、五一年九月に調印されたサンフランシスコ講和条約が、日本の戦争責任を曖昧にした「寛大な講和」となったことも大きく影響していました。

講和条約は、五二年四月に発効し、五月には独立を祝い憲法施行五周年を記念する式典が開催されました。その席上、昭和天皇は、「この時に当り、身寡《かはく》薄なれども過去を顧み、世論に察し、沈思熟慮、あえて自らを励まして、負荷の重きに耐えんことを期し、日夜ただおよばざることを恐れるのみであります」という「お言葉」を読み上げました。退位論を否定した事実上の「続投宣言」です。

昭和天皇の最大の側近であり、東京裁判で終身禁錮の判決を受けて服役中の木戸幸一・元内大臣は、この「お言葉」を読んで、「国民に陳謝するとか、何らかの表現があって然るべきではなかったか。あれでは何か奥歯に物が挟まったいい廻しで、国民が真から納得するものがなかったのは、残念なことだった」と語っています(高橋紘「象徴天皇の誕生」、金原左門編『戦後史の焦点』有斐閣、一九八五年)。こうして、退位も謝罪も実現しなかったことによって、天皇の責任問題については、その後も国民の側に、深いわだかまりが残ることになります。

終わらぬ戦後

戦争の原因や戦争責任の問題が、繰り返し問われてきたもう一つの背景には、アジア・太平洋戦争の戦後処理が不十分な形でしかなされなかったという問題があります。それは、言葉を変えて言えば、「戦後」が終わらないということでもあります。戦後処理とは、いわば、「戦争の後始末」であり、講和条約の締結、賠償、内外の戦争犠牲者に対する補償、戦没者の遺族に対する支援、戦没者の追悼など、多岐にわたりますが、ここでは戦没者の遺骨収集の問題を取り上げます。

講和条約発効後の五二年度から五八年度にかけて、日本政府は、海外における戦没者の遺骨収集を行いました。しかし、この時の収集方針は、氏名の判明する遺骨は日本国内に還送する、氏名の判明しない遺骨は、「その一部を当該地点における氏名不分明な戦没者遺骨の表徴として内還する」という限定的なものでした。また、日本軍の占領下にあった地域には根強い反日感情が存在したため、遺骨収集作業も思うように進まず、フィリピンなどでは、「戦没日本人之碑」の建立も断念せざるを得ませんでした。その結果、この時の収集作業では、一万一三五八人の遺骨を収集したにとどまりました。それにもかかわらず、政府は、これによって「一応の収骨を終え」たという認識を示していたのです（浜井和史「戦後日本の海外戦没者慰霊」『史林』第九一巻第一号、二〇〇八年）。世論に押されて、日本政府が遺骨収集を再開するのは、一九六七年のことです。政府の腰の重さは、明らかでしょう。

ところで、船舶の沈没によって戦死した兵士の場合は、海底にある遺骨の収集が陸上以上に難しいという問題があります。そのため、海軍関係者の団体である海交会は、「遺骨の収容困難ならば、せめて現地へ洋上慰霊船派遣を」と政府に要請してきましたが、「政府にその意志が無いことが明らかとなりま」す。そこで、海交会は、客船をチャーターし、八一年には、ソロモン諸島の海域で海上慰霊祭を実施しました（『南溟の果てに祈る』海交会全国連合会、一九八二年）。この慰霊祭に参加した戦死者の父親である中島重清は、次のような参加記を寄せています。「長い戦後」を生きてきた遺族の思いがひしひしと伝わってくる文章です。

明日は息子の魂を胸に抱き、彼が三十七年間水漬《みづ》く屍《かばね》となったまま慕い続けたであろう懐しい故郷へ、憧れつくしたであろう吾が家の玄関へ親子連れ立ってはいる事が出来るのであります。私の戦後は八十五歳にして唯今《ただいま》ようやく終止符を打つことが出来たのであります。

この老人の、「長い戦後」に終止符を打ったのは、政府の戦後処理行政ではなく、民間団体の慰霊活動であったことに注意する必要があります。また、この海域の戦闘で夫を失った小松はつ江も、次のように書いています。戦争に対する彼女の深い怒りが伝わってきます。

永い永い間冷たかったでしょう。お淋《さび》しかったでしょう。孫たちの賑やかな暖い家に一緒に帰りましょう。祖国のためと云《い》い乍《なが》ら、こんな悲しいつらい思いをする戦争はもう二度とイヤです。

もう一つ、シベリア抑留の問題も取り上げておきましょう。アジア・太平洋戦争の終結後、ソ連政府は、中国東北地方・サハリン・千島列島で捕虜にした約六〇万名の日本軍将兵をシベリアに移送し、強制収容所で過酷な労働に従事させました。その結果、約六万名の日本兵が死亡したとされています。ソ連崩壊の前後から、ソ連政府、ロシア政府は、抑留が誤った政策であったことをようやく認め、数次にわたって死亡者名簿を日本側に提供してきました。しかし、日本人の名前がロシア語で表記されていること、ダブリがあることなどの事情で、正確な日本人名を確定してゆく作業には、大きな困難が伴いました。自分自身も抑留者であった村山常雄は、一人でこの困難な作業に取り組みました。七〇歳になってからパソコンを習い、名簿などの各種のデータを入力し、ダブリをチェックしながら抑留死亡者四万六三〇〇名分のデータベースをついに完成させます。もちろん、これで死亡者の全てを網羅しているわけではありません。

本来ならば、国がやるべき仕事を個人が肩代わりしたことになりますが、村山には、戦没者には、一人ひとりの個性や人生がある以上、固有の人名を明らかにすることが、死者に対する慰霊や追悼の前提だという強い信念がありました。村山は次のように書いています(『シベリアに逝きし46300名を刻む』七つ森書館、二〇〇九年)。

「弔う」とは〔中略〕「とぶらう(訪ぶらう)」こと、すなわち「問う」こと、「問いたずねる」ことと解せますが、さらに言えば「死者の枕辺に寄り添い、親しくその人の名を呼び、その声を心に聴く」ことであると考えます。死者は一人ひとりねんごろに、その固有の名を呼んで弔われるべきであり、この人たちを「名もなき兵士」や「無名戦士」と虚飾して、人類史の襞《ひだ》に埋めもどす非礼は決して許されることではありません。名を呼び、問いかけ、その声を聴く。そんな真心こめた祈りこそが、真の「弔問」であり「慰霊」となり、弔問者自身とそれを含む国と社会の再生を促す力ともなるのではないでしょうか。

村山にとっては、全ての抑留死亡者の個人名を確定しない限り、慰霊も追悼も意味をなしません。ここにも、「終わらぬ戦後」があります。このような状況があるからこそ、人々の関心が、絶えずかつての戦争に向けられるのだと私は思います。

無残な死のありよう

人々が戦争にこだわり続ける三つ目の背景は、アジア・太平洋戦争で戦没した兵士や民間人の、あまりにも無残な死のありよう、そのものの中に求められるでしょう。二〇〇七年八月から放映が始まったNHKのBShiシリーズ「証言記録 兵士たちの戦争」の中で、繰り返し語られているのは、圧倒的な戦力格差の下で、一方的に殺戮されてゆく兵士、飢えと病で死んでゆく兵士、過酷な戦闘と行軍に耐えかねて自らの命を絶つ兵士、捕虜にならないよう友軍の手で「処置」される傷病兵等々の存在です。

硫黄島《いおうとう》の戦闘で生き残った独立機関砲第四四中隊の鈴木栄之助も、硫黄島での日本軍の死者の内訳について、次のように書いています(小笠原戦友会編『小笠原兵団の最後』原書房、一九六九年)。

敵弾で戦死したと思われるのは三〇％程度。残り七割の日本兵は次のような比率で死んだと思う。

六割　自殺（注射で殺してくれと頼んで楽にして貰ったものを含む）

一割　他殺（お前が捕虜になるなら殺すというもの）

一部　事故死（暴発死、対戦車戦斗訓練時の死等）

この割合が正確なものかどうかはよくわかりませんが、自殺者、軍医や衛生兵によって「処置」された者、米軍に投降しようとして友軍に殺害された者が、かなりの数に上ることは、硫黄島戦関係の戦記によって裏付けることができます。この点について、『小笠原兵団の最後』の編者（代表＝堀江芳孝・元少佐）も、「降伏を潔《いさぎよ》しとせず自殺の道を選んだ数は（戦死者約二万名のうち）一万前後になるのではないか（軍医が注射で処置したものと本人の願い出により処置されたものを含む）」と書いています。程度の差こそあれ、同様の状況は、アジア・太平洋戦争末期の日本軍には、共通してみられるものでした。

重要なことは、こうした凄惨な戦場の記憶が生き残った兵士たちの脳裏に深く刻まれていることです。ビアク島（ニューギニアの北西）の激戦を生き残った佐々木清助は、「毎日忘れっことはねえな、ほんとに一時間も忘れっことはねぇ。忘れっことは全然ねぇ、ビアクということは」と語っていますし（NHK「戦争証言」プロジェクト『証言記録　兵士たちの戦争②』日本放送出版協会、二〇〇九年）、米軍の艦載機の攻撃を受けて沈没した戦艦「武蔵」の操舵員、菅野等は、沈没時の状況が幻聴のように音として蘇ってくると語っています。

多分そういう人の悲鳴じゃないかと思うんですけども、もう、唸《うな》り声もそうだし、何ていうの、必死の悲鳴を上げてるっていうか、そういうのもこう聞こえてくるし、それから、〔対空用の機関銃の〕薬莢《やっきょう》のガタガタ流れるの、転ぶ音とか、全部一緒くたに交じって騒がれる音が何となく、まだ今でもこう耳に残るっていうようなことがね、ありますよね。いくつになってもこれはもう消えるもんじゃないですよね（同『証言記録　兵士たちの戦争③』日本放送出版協会、二〇〇九年）。

同時に、戦場の記憶は、生き残った兵士たちの戦後の生き方にも大きな影響を及ぼします。ダイエーの創業者で、独自の安売り路線で小売業売上高日本一となった中内功《いさお》は、フィリピン戦線の生き残りでした。中内についてのすぐれた評伝を書いた佐野眞一は、ダイエーの貪欲な経営拡大戦略の背景には、中内自身のフィリピン戦線での飢餓体験があるとして、中内を「精神の傷痍《しょうい》軍人」と呼びました。その佐野は、次のようなエピソードを紹介しています（佐野眞一編著『戦後戦記――中内ダイエーと高度経済成長の時代』平凡社、二〇〇六年）。

中内には何度もインタビューしたが、いまでも最も印象に残っているのは、こんなやりとりである。「戦争で一番恐ろしかったのは何だと思う？」そう中内に尋ねられ、われながら平和ボケ丸出しで、「さあ、敵の鉄砲の弾じゃないですか」と答えた。すると中内は、「そうじゃないんだ」と言った。「一番恐ろしいと思ったのは、隣に座っている日本の兵隊だった。眠ると隣の日本兵にいつ殺されるかと思って眠れない夜が何晩もあった」

事実、中内のいたルソン島では、極度の食料不足から、友軍を襲って食料を強奪する兵士や、人肉食の目的で友軍を襲う兵士が横行していました。中内の部隊が属していた振武《しんぶ》集団参謀長の角健之《すみけんし》は、憲兵隊に「現場処刑（銃殺）権」を付与して、「人肉を食つている現行犯」、「人肉を携行所持せる者」、「人肉の脂肪等が飯盒《はんごう》等」に付着し、人肉を一食つた実証が明白なる者」の取り締まりに当たらせたと回想しています（「地獄戦線の日本兵」『特集文藝春秋　日本陸海軍の総決算』、一九五五年）。

問題意識と叙述のスタイル

総務省の推計によれば、戦後生まれの人口は、二〇〇八年一〇月の時点で、総人口の七五・五％に達し、アジア・太平洋戦争で、最も多くの戦死者を出した世代である「大正生まれ」が総人口の中で占める割合は、わずか四・四％となりました（『朝日新聞』二〇〇九年四月一七日付）。また、正確な統計がないので、軍人恩給の本人受給者数などから推計してみると、軍隊経験を持つ人の数は、四十数万から九十数万人と推計されます（拙稿「兵士たちが語り始めたアジア・太平洋戦争の記憶」、NHK「戦争証言」プロジェクト『証言記録 兵士たちの戦争①』日本放送出版協会、二〇〇九年）。

陸軍士官学校第五七期生（四四年四月卒業）を例にとると、二〇〇九年三月現在で、士官学校卒業者＝二四三八名のうち、戦死者＝七一四名、戦後物故者＝九六九名、生存者＝七五五名であり、既に戦後物故者が戦死者を上回り、生存者率は三一％となっています（陸士五七期偕行文庫対策委員会戦後経歴作成班編『戦後同期生会の歩み』非売品、二〇〇九年）。最も若い世代の軍隊経験者に属する第五七期生の生存者率が三一％ですから、全体では、さらに低くなると考えられます。こうした中で、戦友会の大部分は解散もしくは活動停止状態となり、靖国神社で開催される部隊戦友会、軍学校戦友会主催の戦没者慰霊祭の数も急激に減少しています。明らかに、一つの時代が終わろうとしているのです。

そのような時代に、『アジア・太平洋戦争』を書くめぐり合わせとなった私は、とりわけ次の二点を意識しながら、この本を書きました。まず、問題意識の面では、戦争責任の問題を絶えず念頭に置きながら、戦争の中で、非業の死、無残な死を遂げた人々の死のありようを、出来る限り記録に残すということです。中国大陸を転戦した歴戦の中隊長であった藤原彰（陸士五五期）は、戦場における餓死の実態を明らかにした先駆的研究、『餓死した英霊たち』（青木書店、二〇〇一年）の中で、次のように書いています。

戦死よりも戦病死（餓死）の方が多い。それが一局面の特殊な状況でなく、戦場の全体にわたって発生したことが、この戦争の特徴であり、そこに何よりも日本軍の特質をみることができる。悲惨な死を強いられた若者たちの無念さを思い、大量餓死をもたらした日本軍の責任と特質を明らかにして、そのことを歴史に残したい。大量餓死は人為的なもので、その責任は明瞭である。そのことを死者に代わって告発したい。

『アジア・太平洋戦争』は、藤原のこの問題意識を直接引き継ぐところから出発しています。その意味では、本書は、私自身の恩師でもあった藤原元陸軍大尉に対する、私なりの鎮魂の書でもあります。

ただし、その場合に、外国人の戦争犠牲者の存在を忘れてはならないでしょう。「加害」の実態の解明は、歴史学にとって、依然として大きな課題です。それにもかかわらず、ここで「被害」の問題にこだわるのは、実際には、「被害」と「加害」の関係は重層的に重なり合っていると考えるからです。「被害」の問題についても独自の掘り下げが必要でしょう。

歴史叙述の方法という面では、大きな時代状況と一人ひとりの国民の戦争体験のディテールを交差させながら、戦争の時代を描くことに留意しました。いわば、ズームアウトとズームインを交互に繰り返しながら、歴史を叙述するという方法です。その際、念頭にあったのは、日高六郎『戦後思想を考える』(岩波新書、一九八〇年)の中の次の指摘です。

体験者が非体験者に語るということには、積極的な側面がある。つまり、もし体験を知識と思想のつながりに翻訳することができるならば、その知識と思想に、体験者が持つ独特の感覚と生気を吹きこむことができるからだ。その独特の感覚とは、第一には、ひとつの時代を支配している、全体的な雰囲気、第二には、その時代のなかで(同時にその時代のなかの「私」のなかで)生起した、ときには重要な、ときには平凡なディテール(こまごましたことがら)についての感覚である。

私自身は、直接の戦争体験を持たない世代の研究者に属していますが、ここ二十数年の間に、かなりの数の戦争体験記、それも、庶民や兵士の体験記に目を通してきました。そのことによって、日高がいう「独特の感覚」を多少なりとも理解できるようになっているとするならば（それが戦争体験の継承ということの意味ではないでしょうか）、それを歴史叙述の中に生かしてみたい。そんなだいそれた思いを抱きながら、書き綴ってきたのが、この『アジア・太平洋戦争』です。

お薦めの五冊

①本多勝一・長沼節夫『天皇の軍隊』（朝日文庫、一九九一年）

熊沢京次郎『天皇の軍隊』（現代評論社、一九七四年）の文庫本ですが、熊沢は、本多・長沼のペンネームです。アジア・太平洋戦争中に、中国戦線で治安戦に従事していた第五九師団の関係者からの聞き取りに基づいて、「天皇の軍隊」の生々しい実態を明らかにした著作です。「加害」の実態だけでなく、兵士の目線で「天皇の軍隊」のいわば「生活史」を明らかにしている点がすぐれています。

②家永三郎『戦争責任』(岩波書店、一九八五年。のちに岩波現代文庫)

満州事変からアジア・太平洋戦争に至る一連の侵略戦争の戦争責任問題を、歴史的事実と歴史的経過に即しながら、包括的・具体的に論じた最初の研究書です。日本の対外的責任だけでなく、国家指導者の国民に対する責任、連合国側の日本に対する責任、さらには戦後世代の責任の問題にまで論及しています。

③ジョン・W・ダワー、斎藤元一訳『容赦なき戦争』(平凡社ライブラリー、二〇〇一年)

著者は、アメリカにおける日本近現代研究の第一人者。アメリカ側から見た時、アジア・太平洋戦争が人種戦争の性格を持っていたことを、アメリカ側の人種偏見の問題に着目しながら、具体的に明らかにした著作です。あわせて、日本側のアジアに対する人種偏見や優越意識の問題にも鋭い分析を加えています。

④澤地久枝『滄海よ眠れ』全六巻(毎日新聞社、一九八四〜八五年)

ミッドウェー海戦で戦死した日米両国の男たちの人生とその死のありようを、残された家族の戦後史まで視野に入れながら、丹念に調べ上げたノンフィクション。日米双方の戦死者一人ひとりの氏名を明らかにしようとする著者の執念に圧倒されます。また、著者による取材活動の成果をまとめた『記録　ミッドウェー海戦』(文藝春秋、一九八六年)も重要な文献です。

⑤清沢洌『暗黒日記　一九四二―一九四五』(岩波文庫、一九九〇年)

戦前の外交評論家で、戦闘的な自由主義者として知られる清沢の、アジア・太平洋戦争期の日記です(ただし抄録)。痛烈な時局批判や大本営発表の裏を読み解く鋭い分析力に驚かされます。同時に、戦時下の社会状況に関する歴史史料としても、大変貴重なものだといえるでしょう。

第７章　占領改革は日本を変えたのか

雨宮昭一

はじめに

第７巻『占領と改革』では、日本における占領と改革を、①事実、②事実を関連づけたシステム、③占領と改革についての考え方、の三つのレベルにわたって考えてみました。

戦後体制《システム》が終わって新しいシステムを構想しなければならない現在、事実もシステムも大変重要ですが、三つ目の占領と改革についての考え方の検討がより重要だと思います。日本の占領と改革はこういうものだ、答えは一つしかないと考えるのではなく、「事実」と「システム」を考えつつ、さまざまな考え方が出しあえるような場をつくろうと努力しました。

占領と改革の時代とは

日本近現代史で、いや日本の歴史で、はじめて全面的に社会を組織しようとする総力戦体制がつくられ、そのもとではじめて全面的に敗戦し、そしてはじめて全面的に外国に占領されたのがこの時代です。このような事態は大量で多様な事実を生み出すと同時に、それらを体験した占領する側にも占領される側にも、それらを解釈したり意味づける上でさまざまな幻想や神話や思い込みを生み出しました。例えば、それぞれの事態に対する全体的位置づけや歴史的文脈を無視する過大ないし過小評価、あるいは占領は成功したというサクセスストーリーやアメリカに占領されて幸運だったというラッキーストーリーなどです。

そして前述の総力戦—敗戦—占領を経て、やがて国際的には戦勝国の国際秩序としてのポツダム体制、連合国が対立する冷戦体制の一環としての日米安保体制、自民党と社会党を中心とする政治における五五年体制、法における日本国憲法体制、経済における民需中心の日本的経営体制などによって構成される戦後体制ができました。

現在の社会の状況は

そして、現在日本では、この体制が崩壊しつつ新しい体制に移行している最中です。一方、世界的には一九九〇年代初めにソ連が崩壊し、冷戦体制が終わりました。冷戦が終わったということは、社会主義圏にあった膨大な労働力と資源が、国際市場に投げ出されたことを意味します。

そのことにより、日本ではこれまで国内の各地域で行なわれてきた生産が国外の安い労働力と資源を使って海外で行なわれるようになります。日本の多くの多国籍企業は勿論、中小企業をもふくむ経済界と中央政府は、国内での地域開発や地域への補助金をやめる方針をとるようになりました(それは地方分権と表現されています)。また、これまでは国内の労働力を主として使うことが前提であったので、労使協調、年功序列、終身雇用などを基調とするいわゆる日本的経営があったのですが、それもゆらいでいます。そして、冷戦に対応した政治システムとしての自民党優位の体制も終わりました。

一九九〇年代から二一世紀にかけては、冷戦のかわりにアメリカの世界支配とその具体化としてのイラクにおける〝占領と改革〟、金融資本主義を中心とするグローバリズム、そして「自己責任」「小さな政府」「福祉国家の解体」等を内容とする新自由主義などが日本もふくむ全世界に拡がって、イラク戦争をおこし、国内における格差を拡大し、セーフティーネットを失わせました。

そしてこのようなアメリカによるイラクの〝占領と改革〟、日本の対アジア関係と対米関係のあり方、新自由主義による社会の解体、福祉の底抜けの状態などは、いずれも日本における

「占領と改革」の時代の捉え方や評価に関連してきます。

今、戦後体制の次のシステムを誰が、いかなる内容で構成するか、を考える時、多様な主体、多様な可能性、多様な選択肢をもって、自由に柔軟に考えなければなりません。それを考える一つの重要な出発点であった総力戦―敗戦―占領の時代のなかで、「占領と改革」の時代の評価を、「自由と平等を実現し、占領改革で日本のすべてが変わった」などという一つの枠組み、一つの解釈、一つの物語ではなく、可変的で多様な可能性(現実的可能性という言葉もある通り、可能性も一つの事実であり、単なるイフ〈if〉ではありません)の中で見直す必要がありま す。このことによって、これからのポスト戦後体制を自由に構成することが可能になるのです。現実はいつも事実と可能性によって構成されているのです。

だから、この時代への問いは、「占領改革は日本を変えたのか」ということになります。

占領改革は日本を変えたのか

さて、この問いにどうアプローチすればよいのでしょうか。

まず、以下のようなこれまでの占領、改革、戦後などに込められているイメージの再検討が必要です。そのイメージは、要約するとほぼ以下のようなことになるでしょう。

戦後は、自由で平等になり脱貧困は達成された、占領改革で日本のすべてが変わった、日本の戦前・戦時に採るべきものは何もない、日本の戦時体制は連合国とは何の共通性もない、日本の主要な政党やリーダーはまったく古くて何も変えようとしなかった、などなどです。

これに対して、日本の戦前・戦時に自由も平等も豊かさもなかったのか、戦後に不自由も不平等も貧困もなかったのか、戦前・戦時に市場全体主義とも国家主義とも異なる協同自治の考え方はなかったのか、帝国主義、総動員体制、管理社会という点で戦時期の日本と連合国との共通性はなかったのか、占領期の日本政府やリーダーたちは体制や憲法の構想において本当に自らを変える能力はなかったのだろうか、といった問いが、なされる必要があるのではないでしょうか。

これらの具体的な検討のためには、事実のレベル、それらの事実の関連、つまりシステムのレベル、およびその認識の仕方自体、つまりメタレベルとなる三つのレベルを区別しつつ考えたいと思います。第一には、「占領と改革」について思い込んでいる考え方、語られようとしていることと「事実」はいかに関連しているか、第二にはそれを部分的にではなく、国際関係、政治、経済、法、社会、思想、文化、地域などをふくめてトータルに、その位置と意味を考えること、第三にそれらを語るモデルはいかなるものであるか、第四にそのような語り方ではない語り方はいかにして可能か、を考えることにしたいと思います。

第一については、一つは、GHQ（連合国軍総司令部）が、意図的、戦略的に、時と所によっては無自覚に、語り方を自らの基準や願望によってつくったのではないか。もう一つは、研究者もふくめてGHQの公的資料や各担当者のあとからの「手柄話」などの資料・文献をそのまま受け入れて占領と改革の時代を描いたからではないか。例えば、「私が直接タッチした記録は、保健福祉問題の進歩を測定し、評価するための基準から見ても、日本の医療・福祉における大きな改革が成就したことを示している。この成功は……」(C・F・サムス『GHQサムス准将の改革——戦後日本の医療福祉政策の原点』〈原題 *Medic*〉、竹前栄治訳、桐書房、二〇〇七年、二九四頁)とGHQの担当者であるサムスは回想しているのですが、日本では、医療・福祉に関する中央省庁が戦中の一九三八年に既にできており、敗戦後もそのシステムは稼働していました(例えば、コレラ対策、衛生組合などについては、栗田尚弥編『地域と占領——首都とその周辺』日本経済評論社、二〇〇七年、第二章・第五章)。また何より国民健康保険も、同じ年に発足しているのです。つまり、日本における医療・福祉システムは、敗戦やインフレによる混乱はあっても戦時から機能していました。したがって、国民健康保険制度が存在せず、現在でも依然としてそれが課題であるアメリカとは、敗戦時に既にかなりちがうシステムとレベルだったのです(雨宮昭一『戦時戦後体制論』第六章、岩波書店、一九九七年)。

第二の課題については、「世界新秩序」「東亜新秩序」としての国際体制、非政党政治体制としての「政治新体制」、非自由主義経済を内容とする「経済新体制」などによって構成される戦時体制＝翼賛体制が、敗戦－占領－講和を経て一九五〇年代に、いかなる戦後体制として形成されたかを明らかにしつつ、冷戦体制などを要素とするその戦後体制が、いかなる崩れ方をしていくかを解明することによって、可能になるのではないか。

現在、戦後体制から次の体制（ポスト戦後体制）への移行が、国際的にも国内的にも多くのきしみを生んでいます。だからこそ、改めて、戦時体制から戦後体制への移行の物語がそのモデルとして注目されているのです。

第三の課題の対象は、無条件降伏モデルの下での占領の成功物語＝サクセスストーリーです。ここで無条件降伏モデルというのは、開戦過程では、相手に対する一切の、あるいは基本的な自立性の放棄を求め、そうでなければ開戦をせざるを得ない選択を迫り、戦闘過程では徹底的な殲滅をしようとし、戦争終結過程では講和でなく無条件降伏を強い、占領過程では被占領側の生き方・考え方を全面的に改造しようとするものです。それは、ありていにいえばアメリカにおける先住民との内戦過程、南北戦争の内戦過程と同一であり、相手を自立した単位として根本的に否定すること、つまり自立した単位間の関係そのものの否定です。そして日本の占領は、勝者・敗者、占領者・被占領者のみではなく、敗者の中の支配者はもちろん、被支配者の下層の人々までもが、勝者、占領者と抱き合って民主的なよい日本をつくった、という占領成功物語として語られてきました（『占領と改革』vi頁）。そしてその物語が現在でもアメリカの対外的な「占領と改革」政策の推進力となっているのです。

第四は、以上のような無条件降伏モデルのサクセスストーリーとは異なった語り方はいかに可能かです。

それは、①第二で述べたように体系的、全体的、長期的な方法を意識的に使用すること、②具体的には、占領およびその時期に「改革」されたといわれるものについて戦前・戦時・敗戦直前に、その契機があったのか、なかったのか、あったとすれば総力戦体制による変革なのか、その体制のもとでの敗戦による変革なのか、占領による変革なのか、敗戦も占領もなくとも行なわれた変革なのかを区別することによって可能となります。

占領は戦争の厳然たる一過程であり、占領当局による強制が「事実」をつくったことはいうまでもないことです。しかし、そのことは、それ以外の「事実」と「可能性」＝現実的可能性・歴史的可能性があったことを否定するものではありません。したがって、ここでの検討はその可能性と「事実」を対照するという方法を前提とすることになります。そしてその関係を媒介する主体は、占領側であると同時に、政党や制度を越えた、政党と思想をもつ国防国家派、社会国民主義派、自由主義派、反動派という四つの潮流(詳しくは『占領と改革』五頁の表参照)の間、さらにはそれらの潮流と占領側との関係の変化を通して考えることにしたいと思います。

以上の方法、すなわち無条件降伏モデルという考え方の分析と、既にこの二十数年間の近現代史研究においてパラダイム転換をなした総力戦体制論(戦後社会を規定するものとして、占領政策よりも戦時期の重要性、戦時からの構造的連続性を指摘してポスト戦後体制の語り方を準備している論です)が接合されれば、〝自立した単位間の関係そのものの否定〟により「消滅」した日米関係の再創造、アジアにおける協同性の創造、新自由主義によって解体されたかに見える社会や社会の連帯の再生を考えるための材料が、出てくるのではないかと思います。

いかなる方向が導かれるか

以上から得られるであろう結果は、第一に、戦後の過程の原点は、占領からではなくて戦時中の、政治的には、反東条連合としての自由主義派と反動派の勝利、社会的には総力戦体制による経済、社会、福祉、教育、文化などにわたる社会の変化にあるのではないか。

第二には、占領政策が現実化する前から日本の政治家や官僚や社会運動のリーダーたちが戦後の改革構想をもち、行動を開始していたことが新たにみえてくるでしょう。

第三に、戦時体制から一九五〇年代前半までを統一的にみようとすると、片山、芦田らの「中道」内閣期もふくめて、内外にわたる自由主義と協同主義を軸にしてみることができるのではないか。一九五〇年代の後半に成立した戦後体制は、国際的な冷戦体制の下で日米安保条約と憲法を争点とする保守と革新の言説空間となることが明らかにされるでしょう。それゆえ冷戦体制の崩壊は、保守と革新の双方の解体となり、潜在的に存在していた自由主義と協同主義という軸が顕在化することとなるでしょう。

以上を通して、第一には客観的にも主体的にも、日本の諸勢力による戦後改革の可能性が確認できるのではないでしょうか。GHQはその可能性をつぶして「民主的」改革を強制したこと。そしてその「成功物語」がその後のアメリカの対外政策のあり方を規定していくこと。つまりその後のアメリカの世界各地における「占領と改革」は、日本に対する「占領と改革」と比較する対象ではなく、因果関係、つまり「成功した日本占領と改革」モデルの物語が他の国々への「占領と改革」を決定させ、実践させるという結果になっているのです。

第二には、無制限の市場支配になりがちな自由主義を社会的にコントロールし、時には市場をデザインし、社会的連帯と非営利的社会関係によって構成される戦前以来の系譜をもつ前述の協同主義の発見がなされるのではないか。

これから考えていくこと

『占領と改革』を出版して以来、合評会などを通しての学界は勿論、出版関係者、マスコミ、現役の高校や中学の先生方、各地域の近現代史研究会、学生、自治体や公民館の職員などの皆さんからたくさんのご意見をいただきました。この場を借りて、その意見などを紹介しつつ、筆者が今後考えていきたいことを記しておきたいと思います。

第一は、特に学界外から多かったのですが、筆者が、戦時体制―総力戦体制を「肯定的」に捉えているとの意見です。それはその裏腹として、占領軍による改革抜きに改革はできるはずがないという意見であり、筆者はイフという仮定に基づいている、との指摘です。さらに占領がない場合の改革は「想像」できないから問題である、との意見も少なからずありました。

この指摘は、総力戦体制による日本社会の変革、すなわち平準化、平等化、近代化などの内容を二三年前（一九八七年一一月一四日、日本史研究会大会）、はじめて発表した時に学界から受けたそれは激しい反発と共通しています。なお、最近の学界における研究状況については、例えば源川真希『近衛新体制の思想と政治』（二〇〇九年、有志舎）の序章などを見てください。

この総力戦体制による〝解決〟は『占領と改革』にも書きましたように、日本近代以来の格差や不平等を一九二〇年代までに政界、経済界、官界の主流を占めていた自由主義派が小作法案や労働組合法案などを否定し、治安維持法などをつくったことによって、解決することをしなかった、あるいは、できなかったので、総力戦体制を上からと下から推進する勢力と体制によってその〝解決〟がなされてしまったという〝苦い真実〟です。勿論、総力戦のための平等化でありますから、総力戦に役に立たないものや反対するものの排除と選別があったことももた自明であり、それらは現在まで連続しています（雨宮『総力戦体制と地域自治』青木書店、一九九九年、二二四頁)。いずれにしてもこの苦い真実の認識は自由主義派の責任抜きには完成しません。

そしてその総力戦体制による変革があったうえで占領改革が行なわれたのです。また敗戦という事態は、敗戦した国家が覇権国家でなくなることです(戦勝国体制)。これは占領があろうとなかろうと厳然たる事実であり、その中で戦後改革が行なわれざるを得ません。それゆえに占領がなくとも変革はすすむというのは、イフではなく現実的可能性としてあるのです。このことは、占領軍による改革が事実として存在することを否定するものでは、全くありません。

総力戦体制によって社会の変革がすすんだという〝苦い真実〟は、現在までつづく福祉の問題に典型的にあらわれています。厚生省の設立、国民健康保険の創設など日本の福祉体制が総力戦体制の中で、岸信介などの国防国家派や社会国民主義派の人々によって形成されたことは、まぎれもない事実です。そして戦後になって国民健康保険の全面化や年金制度をつくったのも岸信介などこれらの流れの人たちでした(雨宮「岸信介と日本の福祉体制」『現代思想』二〇〇七年一月号)。自由主義と協同主義が合流した保守合同によって自民党内に存在していた上からと下からの協同主義の作動といってよいと思います(二〇〇八年一〇月一二日、日本政治学会「戦後政治と一九七〇年代」部会での雨宮のコメント)。他の先進国では、労働者階級の政党も、総力戦体制形成に参加することによって、一般の勤労者も税負担のみならず大変な負担をする福祉国家をつくります。日本の場合は以上の通りであるがゆえに、労働者の政党が一般勤労者の福祉国家への負担をさせることに関わっていない状態でした。それゆえに、低負担・高福祉を主張しても、右肩上がりの財政の時には、一般労働者への負担の問題が顕在化しなかったのですが、低成長の時代になった時、小さな政府という自由主義と共通のあり方が露呈し、福祉の底抜け状態があらわれることになっているのです。

以上と関連しますが、占領改革こそがすべてを変えたというような物語を信じ思い込むと、確かに他の可能性や選択肢は「想像」できません。しかし、民主主義、つまり人民が主権者として、多様な可能性を発見し、時には構成するためには「イメージ」「想像」することが不可欠です。この想像力と、先述の〃苦い真実〃を考えあわせると、戦後体制のゆらぎの中で、自立した改革の可能性、自前の戦争責任など、戦後体制の中に封印されたものが顕在化します（『占領と改革』一九二頁）。その中で沖縄の問題は、占領期、戦後期に一層拡大しました。GHQは天皇の戦争責任を免責するために戦争放棄の条項（第九条）をおき、のちには九条によって空白となる日本本土の防衛は沖縄に米軍基地を置くことにより、可能と考えました（同前、七八頁、八四頁）。その上に本土の独立後の基地反対運動によって設置が不可能になった基地は、沖縄に集められたのでした。これは沖縄住民にとっては、大変な負担です。同時にその方法は異なれ、一国や地域の安全保障の問題が、一局地に集中することは、一局地の動向によって機能不全となる可能性も有しているのです。筆者は一九九五年に、日米安保条約に賛成でも反対でも、沖縄以外の「全都道府県に均等に米軍基地が置かれるべき」ことを提案したことがあります(雨宮「戦後の語り方」『獨協法学』六七号、二〇〇五年、四〇三頁)。基地問題についても深い想像力が必要ですね。

協同主義の多様な側面

第二に、戦前・戦時・戦後の政治的、経済的、社会的な動向を理解する軸として自由主義と協同主義(この二つが現在まで継続する政党制度をこえた四つの潮流の多様な組み合わせを通して展開します)を『占領と改革』で提起したことに対しては、ブログもふくめて多くの注目をいただきました。ここではこの問題をもう少し掘り下げ、また、拡げて考えてみたいと思います。

それは、上からの協同主義と下からの協同主義、国家的協同主義と社会的協同主義、国家の内と外における協同主義、さらに前近代と近現代における協同主義、自由主義者と協同主義、一九五〇年代社会と協同主義、ウェブと協同主義、など多岐にわたります。ここではそれぞれ必ずしも対立的には捉えないで検討したいと思います。

上からの協同主義は、国家的協同主義とほぼ重なり、陸軍統制派、革新官僚などによる国防国家派が担ったものといえましょう。また下からの協同主義は社会的協同主義と重なって昭和研究会を中心とする社会国民主義派が目指したものといってよいでしょう。

以上は主として国内の場合ですが、資本主義を修正し、非営利空間をつくり、労働者、女性、中小企業者などの協同性を組織し、大きな政府の下に市場をコントロールする点では、国際的な共通性をもっています。民主主義における自由と平等の契機でいえば、協同主義は平等の側面に強い関連をもち、共同と共通の感情に基づくコミュニティーと個人主義による契約関係に基づくアソシエーションでいえば、前者のコミュニティーに強い関連をもちます。そして、これまでのナショナルデモクラシーとして語られてきたデモクラシーのあとに、「「ポスト・ナショナル」デモクラシー」(坂本義和「「ポストナショナル」デモクラシー」『未来』二〇〇九年一二月号)を考える時に、この不可欠な契機と内容が右の国際的協同主義にある可能性があります。前近代と近現代における協同主義については、近世以来の通俗経済における講、無尽などによる結びつき、および相互扶助と共同体における規範としての徳義、民を救う徳による済民、共生、共栄という言説があること、さらに三浦梅園、安藤昌益、二宮尊徳、田中正造、岡田良一郎、千石興太郎、黒沢酉蔵、矢部貞治、戦後の協同主義政党のリーダーなどに、そのような協同主義の流れがあるとの研究もあります(Tetsuo Najita, *Ordinary Economies in Japan—A Historical Perspective, 1750-1950*, University of California Press, 2009)。また、明治の思想家陸羯南《くがかつなん》の政論の分析に即して彼の中に個人主義的、契約説的な社会観と異なる、徳義に基づく社会のあり方を見出し、それがハーバマスのいう市民的公共につらなる可能性を指摘する業績もあるのです(坂井雄吉「「国民論派」の使命――陸羯南の初期政論をめぐって(四)」『大東法学』第一七巻第一号、二〇〇七年、一九五頁。なお(一)(二)(三)は同一五巻一・二号、一六巻一号)。坂井さんの業績では協同性は「前期的」=前近代的なものと指摘されています。この問題にはそのように通時的、段階的な側面がありますが、筆者は後述のコミュニティーとアソシエーションの共時的=同時的存在の側面もあると思っています。これは一九五〇年代から六〇年代に共同体的思考にあらわれる横の連帯感に注目し、サークルによってその質をこわさないままで顕在化させるという谷川雁の主張にも関連します(『サークル村』一九五八年九月号。竹沢尚一郎『社会とは何か』中央公論新社、二〇一〇年、より所引)。また最近の水俣市における旧来からの人間のつながりであるもやいによる地域社会の再建の事例もあります(雨宮「風評被害の克服と地域づくり」『茨城大学地域総合研究所年報別冊』二〇〇二年三月)。

以上と関連していえば、自由主義と協同主義は常に対立的ではなく、歴史的には、両者が接合する場合もあります。『占領と改革』で扱った芦田均という京都出身の政治家は、戦前・戦時は鳩山一郎などと自由主義経済、政党政治、ワシントン体制などを守ろうとして、総力戦体制には消極的であった同交会のメンバーであるごとく、明確な自由主義派です。しかし、彼は戦前も戦後も「中道」「大きな政府」「社会的連帯」「労使協調」など、協同的な政策を主張し、実践しました。彼は、中学では報徳思想に、大学では木下尚江《なおえ》のキリスト教社会主義に強く影響されています（宮野澄『最後のリベラリスト　芦田均』文藝春秋、一九八七年）。

さらに彼の日記などからも分かるように、彼の経済的支援者であり戦時中に彼が取締役をやったり、叔父が創立メンバーで社長であった郡是《ぐんぜ》製糸会社は、一八九五（明治二八）年に京都府下の養蚕農家や製糸業にたずさわる人たちが組合をつくり、共同出資してつくったものでした。その運営も、単なる営利団体でなくコミュニティーと生産活動、消費活動を結びつけ、戦後一九四六〜四七年には「生産協同体」の理念のもとに経営協議会がつくられ、創立以来、地域の経済、教育、福祉に責任をもとうとするものでありました（グンゼ株式会社『グンゼ百年史』一九九八年。二〇〇九年九月一〇日「芦田均シンポジウム基調報告」〈雨宮昭一〉、および日本政治学会「戦前、戦中期の日本政治分析」「新外交と中道政治の展開――芦田均の戦前、戦後」両セッションにおけるコメント〈雨宮〉、二〇〇九年一〇月一一日）。つまり戦前・戦時も協同主義が反自由主義と必ずしも結びついているわけではないのです。それはこれからもそういえる側面が出てくると思います。

最後になりますが、具体的な社会と協同主義について考えておきましょう。『占領と改革』でも書きましたように日本の一九五〇年代の社会は、国家からも資本からも自立した多様な空間―コミュニティーが存在した、近現代日本において後にも先にもない固有な社会でした。これは一面では協同主義的社会と言ってもよいかもしれません。しかし、経済の高度成長の過程で、この空間は資本によって解体されていきましたが、最近の研究によれば、この自立したコミュニティーや空間を、五〇年代から六〇年代にかけて大企業における職場、中小企業の密集地帯、農村部における地域を基盤として結成されたサークルが引き継ぎ、それが後の「市民運動」の地下水脈となり、国家や企業から自立した創造的な生き方の基盤となっているとの指摘もあります(道場親信「五〇年代日本 サークル運動の意味」『朝日新聞』二〇〇九年一一月二六日夕刊)。

筆者は最近では、協同主義社会が解体されて自由主義社会になるという捉え方よりも、前述のようにコミュニティーとアソシエーションは、共時的に存在しているという立場に立ちつつあります。その点でみれば日本の高度成長の時代は、資本のヘゲモニーの下で協同主義が自由主義と接合されたと考えるべきでしょう。労使協調、職場の緻密な組織化などによる「日本的経営」は、その結果だと思います。また、高度成長の中で興隆した六〇年代、七〇年代の市民運動は、五〇年代社会のコミュニティーと協同主義の組織の組み合わせとしての「地域ぐるみ」「職場ぐるみ」を「保守的」「前近代的」とみなして、組織に対して個人を対置しましたが、それは労働者の組織を弱体化、解体する機能も果たしました。その実態は、都市に新しく住もうとしたアッパーミドルの新住民による、旧来からの住民の規制を跳ね返して「自由」にそこに住むためのヘゲモニー言説としての市民民主主義、という側面もありました。このことは、共時的に存在しているコミュニティーを解体し、かつ、アッパーミドルとしては、低負担・低福祉としての「地方分権」(地域間格差、階層間格差を増大)論として展開することによって小さな政府に帰結してきました。その点で、新自由主義と非常に接近する側面もあります。この協同主義とコミュニティーは現代沖縄の「保革」を超えた「島ぐるみ」の高次の再生にも関わる。

一九五〇年代の、国家や資本から自立した多様な空間＝コミュニティーが、サークルなどによって個の表現への欲望を出発点としつつ集団のダイナミズムにつながり、分断された個が欲望を通じて共同性を編み出していく、との指摘がありました（前掲、道場）。これに対し、最近のあるブログ（Katsuontheweb　二〇〇九年一一月二七日）では〝まるでウェブ2.0（双方向の通信）について語っているみたいだ！〟〝「国家や資本から自立した多様な空間＝コミュニティー」が仮に、21世紀になってウェブ上に勃興しているとすると〟などとも指摘されています。このウェブにおける相互扶助もふくめたコミュニティーの存在、連続性、継続性は注目すべきことだと思います。今自由主義と協同主義の再構成の条件が多様なレベルの場で拡がっていると思います。

以上、「占領と改革」を切り口として、「事実」、事実の関連としての「システム」、それらを考える「考え方」について述べてきました。いずれも大事なことですが、考え方を議論することが必要な段階になっていることをくりかえしになりますが強調しておきたいと思います。

そのためには、日本における占領と改革はこういうものだ、答えは一つしかない、と考えるのではなく、さまざまな考え方を出しあえるような相対化を行ない、自由に構成しあうという普遍的な場をつくろうとしてきました。それもふくめて考え方をつくりあっていきましょう。

お薦めの五冊

①日本戦後音楽史研究会編『日本戦後音楽史(上) 戦後から前衛の時代へ 一九四五—一九七三』(平凡社、二〇〇七年)

第一部が「戦前・戦中・戦後——その連続と不連続 一九四五—一九五二」で、以下、戦後世代の台頭、前衛音楽と日本のオリジナリティー、カウンターカルチャーと現代音楽とつづく。例えば「楽しいファシズム歌謡」と「楽しい民主主義啓蒙歌謡」で音楽上の差異がなかったり、山田耕筰や信時潔《のぶときき よし》(海ゆかば、カンタータ〈海道東征〉の作曲者)などの戦中での活動の戦後に続く「実り」、諸井三郎の「近代の超克」への参加など、音楽の世界での戦時・戦後の関係が生き生きと描かれています。

②茨城の占領時代研究会編『茨城の占領時代 40人の証言』(茨城新聞社、二〇〇一年)

占領についての研究は依然として、中央政府、あるいは占領当局トップのものが多いと思います。本書はほぼ初めてといっていいのですが、地域の軍政部職員およびその周辺の人々、旧名望家や各領域の地域リーダー、占領軍と地域民衆の間にいた県庁職員、女性、少数エスニシティーの四〇名の無名の人々のヒヤリングを行なったもので、占領期のみならず、その前後もふくめてそれらの人々の生きた状況と社会と歴史を知ることができます。

③ 徳富蘇峰『徳富蘇峰 終戦後日記――『頑蘇夢物語』』(講談社、二〇〇六年)

一九四五年八月一八日から一九四六年一月一三日までの日記です。言論報国会、文学報国会の幹部であり第二次世界大戦に全面的に協力した蘇峰の敗戦直後の、戦争の敗因、占領軍に対する日本のリーダーの対応への不満などを率直に述べたもの。敗戦は原爆やソ連参戦よりも「和平運動者」によるもの(一九四五年八月一八日)、世間の多くの人々は天皇が「譲位」するものと思っていたこと、蘇峰も「譲位」が「賢明であること」、などと述べている(同一〇月一一日)リアルな日記です。

④ ジョージ・F・ケナン『ジョージ・F・ケナン回顧録』上・下(〈上〉清水俊雄訳、〈下〉奥畑稔訳)(読売新聞社、一九七三年)

アメリカの世界戦略、ソ連封じ込め政策の企画者でもあり、日本への占領政策と講和政策でも影響力をもった米国国務省政策企画本部長ケナンの回顧録です。彼は『占領と改革』で述べた、アメリカにおいて支配的であった無条件降伏モデルによって、第二次世界大戦中に無条件降伏を求めること、被占領国民の全面的な改造、冷戦時代の原爆投下に反対しました。またソ連は侵略欲をもった非合理的な国家ではなく、戦争も不可避でなく、戦争を避けることが敗北を意味しない(三四一頁)など、当時のアメリカ内外にある感情的、宗教的思考と異なる政治的思考があったことを知ることができます。

⑤ 廣瀬直人、福田甲子雄監修『飯田龍太全集 第一巻(俳句Ⅰ)』(第一〇巻まであります。角川学芸出版、二〇〇五年)

著者は俳人飯田蛇笏《だこつ》の四男で『雲母《うんも》』編集などを行なっていました。一九四五年を二五歳で迎え、兄三人を戦死(レイテ)、病死、戦病死(外蒙古)で失いました。長兄の死亡を知った時に、「秋果盛る灯にさだまりて遺影はや」とうたい、三兄の時には、「短日の鷗のひかりに重き海」などをつくっています。また幼児を失い、広島の「……過ちは繰返しませぬから」という碑の文章を不快に思うことも述べています(一〇巻)。さらに佐藤栄作内閣の時には、アメリカの宇宙飛行士に文化勲章を与えたことに反発したり(第三巻)、「銃後といふ不思議な町を丘で見た」などをつくり、治安維持法で逮捕されたことのある渡辺白泉を気にかけたり(第五巻)しています。そのような中で、「どの子にも涼しく風の吹く日かな」などの秀句を通して、市井の人々のこの時代の感情をよく表現しています。

第8章　なぜ日本は高度成長ができたのか

武田晴人

「後進性」と「特殊性」の呪縛

高度成長の時代を歴史的な視点から振り返るとき、「なぜ日本で」「例外的な高成長が」実現できたのかという問いかけは、当然のように浮かびます。この問いかけは、日本の近現代史にかかわる歴史認識に色濃く染みついている、日本の経済発展の例外性と後進性という問題に由来しています。昭和初期の日本資本主義論争以来、歴史学研究は西洋近現代を参照の基準としながら、①日本はその近代化のモデルとは異質の「例外的な」発展の道筋を辿っているという捉え方と、②日本はそのモデルに単に「遅れて」同じ道を辿っているだけだという捉え方との間で論争を続けてきました。

たとえば、講座派は日本の資本主義の特殊性を強調し、天皇制支配体制の下で寄生地主制を不可欠の一環とするような特異な政治・経済構造をもっていたと指摘しました。これに対して労農派は、専制的な国家機構の存在は認めたとはいえ、日本の近代化は、資本主義的な経済発展の道筋に沿って後発国としてキャッチアップしていく過程を辿っているだけだと主張しました。

そして、このような捉え方は、戦前から戦後に引き継がれ、しかも学会の中だけでなく、広く一般の人たちの歴史認識の中に浸透しています。

「こんな状態だから日本は駄目なんだ」という自嘲的な評価の仕方を私たちはしばしば耳にします。そうした時、比較の基準になっているのは、大抵は先進国の「進んだ」制度です。しかし、そうした制度が進んでいるという評価の根拠になっているのは、先進国の方が生活水準が上だ、GNPが大きい、経済成長率が高い、などの現象です。そして、そういった議論の声は、日本の経済がスランプになるとトーンが一段と高くなります。

例外だったのは、一九八〇年代に日本経済が世界のなかで抜きん出た成果をあげていた時でした。その時代には、日本的な経営やトヨタ生産方式などが世界の手本になるような「進んだ」制度だと高く評価する人たちが出てきます。その時の評価の仕方は、日本は先進国とは異なった経路を辿って先進国より少し先に行ったのではないか、というものでした。資本主義経済論のなかに、アングロサクソン型に対する日本型というような類型論が出てきたのも、そのころのことです。また、経済発展論では、先進国モデルの単線的な発展の経路ではなく、複線的な発展の経路があるという議論が登場しました。この考え方は、経済大国となった日本が、「後進性」をもっているという考え方がもはや通用しなくなっているかに思わせるものでした。しかし、同時に「特殊性」という点では、基本的な考え方が維持されていました。

ですから、低迷する先進国経済の人たちが、とくにアメリカを中心に「異質な国日本」という論調でかなり強い日本批判を展開し始めた時、その見方に同調する日本の経済学者も少なくありませんでした。そうした議論では、日本経済や日本的経営の強味を象徴するものと考えられていた「系列取引」や「終身雇用と年功賃金という労使慣行」、そして「政府と企業との関係」などが批判を浴びました。それらの制度的な特徴は、アメリカンスタンダードを信奉する人たちから見れば理解を超えていたのです。

称賛するにしても、批判するにしても、その対象となっている特徴点は同じようなものでした。それらは、それ以前の高度成長期には、日本が先進国経済とは異なる「後進性」や「特殊性」をもっていることを示すものとして論じられていました。そして、一九九〇年代にはいって長期の不況に低迷するようになると、再び批判的な論調が強くなり、先進国の制度を見習うべきだという意見が目立つようになりました。このような国外の論調も国内の議論も、日本の例外性を強調するという点では、資本主義論争以来の歴史認識と通底しているのです。日本経済の現状によって評価が二転三転するというジグザグした視点の定まらない議論に振り回されるのではなく、確かな歴史認識をもつ必要があるように思います。

とくに、一九八〇年代以降の世界を見渡してみると、アジアの工業地域として韓国、台湾、香港、シンガポールなどが登場し、さらに最近では中国やインド、ブラジルなどのかつての途上国が工業化に基づく急激な経済成長を成し遂げています。このような現実を前にすると、かつてのように日本だけが「例外的に」という問いかけは適切ではないというべきでしょう。冒頭のような問いかけ、「なぜ日本だけが高度成長ができたのか」という問いかけそれ自体が、ある歴史的な条件のもとで形成された観念に過ぎないのです。

このようなことを視野に入れて、高度成長期の日本を捉え直すことが求められるということになります。そこにシリーズ第8巻の『高度成長』にこめた著者の狙いがあります。

「経済成長という神話」

高い経済成長の実現が日本だけの例外的な現象ではないとすると、経済成長にすべての国民経済に約束されているものでしょうか。これに対する答えは、「イエス」でもあり、「ノー」でもあります。

長期的にみると、先進国の経済成長率が一〇%を超えるような高水準に達したのは、ごく限られた期間に過ぎません。日本でも第二次世界大戦後の、せいぜい二〇年程度の期間で高成長経済の時代は終わっています。イギリスのように早くから工業化をスタートさせた国では、これほどの高成長は記録されていません。世界の工場となった産業革命の時代でも、GNPの成長率は二％に届くかどうかというくらいなのです。

高成長の可能性をもっているのは、一般的には後発の国々です。先進国の優れた技術などを利用できることなどによって、追いかける側には有利な条件があるからです。しかし、そのような条件は永続的ではありません。追いついたとたんに、後発の有利性は消えるからです。

それだけではありません。工業化の初期には、生産性の低い農業部門や伝統的な商業部門などが国民経済の大半を占めています。したがって、相対的に生産性の高い工業部門に産業構造の中心が移っていけば、それだけでも国のレベルの生産性は上がり、高い成長が実現していくように見えます。そして、この生産性の低い部門が提供する国内経済発展のフロンティアがなくなってしまうと、どんな国でも成長率はスローダウンすることになります。

歴史的に見ると、高い経済成長は、第二次世界大戦後の東西対立のなかで実現したものです。GATTやIMFなどの国際機関のもとで実現されていく自由な貿易体制と安定した通貨システムのなかで、その恩恵をもっとも受けて急成長した経済が日本でした。同じ時代に、先進工業国は世界大恐慌による失業問題の深刻化の経験を受け止めて、完全雇用の実現を経済政策の基本的な目標とするようになります。

ケインズ経済学に影響を強く受けながら、需要を管理して失業問題に対処し、より豊かな社会を作ることが、社会主義的な潮流に対抗するためにも必要とされ、「豊かな社会」の実現が目指されていたのです。そのためには生産の拡大が不可欠であり、技術の革新が求められました。しかし、技術革新によって進む単位当たりの生産に必要な労働力量の減少は、失業問題を回避したいという経済政策の目標とぶつかってしまう可能性があります。生産性向上の必要と完全雇用の実現という二つの目標を両立させたのが、高い成長だったのです。生産性の向上によって不要となる労働力量を吸収できるくらい、生産の数量が増えれば、この矛盾は回避できるからです。

こうして、経済成長を追求することが先進国経済に共通する特徴となっていくことになりました。「経済発展」という質的な問題も含み込んだように見える用語から、単に数量的に比較可能な成長率によって表現される「経済成長」にと言葉が置き換えられていきます。それは一九四〇年代から五〇年代にかけて起きた「新しい」現象でした。日本でも鳩山一郎内閣の経済自立計画で「完全雇用」が政治的な理由から挿入され、議論を呼び起こすことになったことは、『高度成長』で紹介したとおりです。こうして日本でも次第に経済成長に関心が集まるようになり、成長率の上下に一喜一憂するような時代が訪れます。政策立案者も、マスコミも、経済学者も、そして普通の人びとまでが経済成長率に注目するようになったのです。『高度成長』において「経済成長神話の誕生」という副題をつけた導入部を書いたのは、経済成長を当然の前提とするような現代社会に浸透している考え方が、高度成長の時代に初めて生まれたことに注意を向けようとしたものでした。

このように振り返ってみると、現在の日本社会が雇用の維持なのか、成長率の回復なのかで揺れ動いているのは奇妙な現象です。そしていずれかといえば、経済成長を優先し、そのためには雇用の調整による失業の増加もやむを得ない面があるという議論が強まっています。職を失ったのは「自己責任だ」といわんばかりで、成長が雇用に優先するかのようです。おかしなことです。

なぜかというと、経済成長が問題とされるようになったのは、完全雇用を実現するための手段としてだったからです。少なくとも、一九五〇年代には完全雇用か、経済成長かという二者択一の選択肢は設定されていませんでした。成長の追求は手段に過ぎなかったからです。もし、完全雇用という目標を実現する上で、その手段としての経済成長に限界があるとすれば、他の手段を考案しなければならないはずのものなのです。たとえば、一九七〇年代からのオランダでは低成長のもとで雇用を確保するために、政・財・労の三者の協議によってワークシェアによる方策などを推進することが国民的なコンセンサスとなっています。こんな例もあるのに、今日の日本では、この二つのいずれを選ぶのかという問題として私たちに選択を迫っているように見えます。高成長の時代を築いてきた年配者のなかには、高成長経済への復帰が望ましいという考え方がとりわけ強いようですし、経済界や経済学者たちのなかにも、成長率の回復を第一義的に重視するような考え方があります。

もちろん、一人ひとりの生活がより豊かになっていくことは望ましいことでしょう。しかし、その「豊かさ」は国民所得の総量の増加によってだけ実現されるとは限らないものです。所得の分配をより平等にすることによって、より多くの人たちがそれまで以上に豊かな生活を送ることができるような社会へと改革することは不可能ではありません。国民所得が増加しなくとも、労働に費やす時間を少なくすることで、より多くの人たちが自らの意思に従った活動の場で活躍するような社会を実現することはできないことではありません。古典派経済学の時代以来、経済学者のなかには、たとえばJ・S・ミルやK・E・ボールディングのようにゼロ成長の定常状態の経済において、人びとが如何に豊かな生活を送りうるかを検討してきた人たちがいます。物質的な豊かさだけが問題ではないことを理解できれば、選択の幅ははるかに広がります。人びとがコマネズミのように働き続け、企業が活発な設備投資を続けることだけが、将来の選択肢ではないのです。反対に、人びとがそれぞれ活動的で生き生きと生活をエンジョイしていても、経済成長率はゼロという社会も構想することができるのです。その意味では、私たちの時代は、高成長の時代を経験した人たちが多く、同時に他の国々の高い成長を目の当たりにしていることもあって、経済成長の追求に病的なほどに熱心になりすぎているようです。

国際政治経済のなかの日本という視角

さて、以上のような問題意識のもとで、『高度成長』はどのように書かれたのでしょうか。そのタイトルから見れば、経済的な問題が主題となっているこの巻では、政治と経済との関係に関心が集中されています。社会的な問題群をもっと広く視野に入れれば、別の高度成長論がありうるかもしれませんが、新書というサイズでそのすべてを取り込むことは、表層的な叙述に徹しない限り難しいと思います。その意味で、社会史的な視点での叙述は部分的なものに限定され、犠牲にされています。

その代わりに著者が留意したのは、第一にこの時代の日本の歩みを、国際政治経済社会の動向のなかで位置付けながら書き進めること、第二に高い成長を実現していく上での政治の役割ということになります。

一九五〇年代から六〇年代は東西の対立の時代でもあり、同時に南北の対立の時代でもありました。そうした世界の動きのなかで、このシリーズを通して共通の視点となっている問題の一つである「植民地」の問題が、アジアとの関係を叙述するなかで意識されています。ほぼ一〇年おきくらいに対外戦争を経験していた戦前期の日本であれば、対外関係を無理に意識しなくとも、自然とアジアの中の日本という視点ははいってくるかもしれませんが、第二次世界大戦後ではそうもいきません。日本の高度成長を説明する基本的な要因は、国内の旺盛な投資需要と大衆消費社会の出現をもたらすような個人消費の高い伸びだといわれています。そのような国内面だけに関心を集中すると、対外関係は二の次になりますから、国際的な視野をもって東西・南北の二つの問題を叙述に意識的に取り入れることは是非とも必要でした。

東西冷戦の問題が戦後日本の進路に重大な影響を与えたことは誰もがよく知っていることですが、その重要性は強調しすぎることはないでしょう。占領期の改革だけでなく、その後の選択にも、とりわけアメリカの影響は大きなものでした。サンフランシスコ講和条約にはじまり、六〇年の日米安保条約改定問題、沖縄の返還問題などの重要な政治的な争点は、常にアメリカの選択との協働を意図する自民党政権と、これに批判的な革新野党との対立を生んできました。反基地闘争や原水爆禁止運動などの住民運動の流れにもアメリカ軍基地やアメリカの水爆実験というかたちで関係しています。日米繊維交渉にはじまる貿易摩擦は、一九八〇年代には日本の政策選択を大きく制約する要因となり、バブル経済をもたらす一因ともなりました。ニクソン大統領のドル防衛政策の発表による対外金融の混乱は、日本だけのことではありませんが、この怒濤のような変動によって日本は窮地に追い込まれていきます。

アジアとの関係は、講和条約への不参加と賠償問題、国交回復問題などの形で、直接的に戦前の侵略と戦争、植民地化の歴史の影響を残していました。そして国レベルでの問題が外交的に解決した後でも、たとえば教科書問題、あるいは日本商品のボイコットや日本企業の進出に対する警戒感につながりました。それほど傷は深かったのです。そのことをあらためて思い知らされたのが、田中角栄首相の東南アジア訪問の際にわき上がった対日批判でした。ここで重要なことは、公式の和解（講和や賠償）が成立しても対日批判の炎が人びとの記憶の中では衰えることはなかったことです。

しかし、このような問題が顕在化したのは、日本の「過去」だけが問題だったわけではないことにも注意を払う必要があります。事実の確定という点では微妙な問題が残っていますが、少なくとも当時の韓国の新聞によれば、日本が韓国の教科書叙述に注文をつけ、強い対日批判のきっかけとなったりしています。それは日本の教科書に対する批判的な意見が韓国から表明される以前の出来事です。植民地時代に形成された在日朝鮮人に対する差別意識が今なお残っている国の傲慢さが出ているようです。

日本のアジアへの開発援助も問題がありました。それらが独裁的な政権の高官たちによる不正蓄財につながっているという疑惑が各地で発生したり、日本企業の東南アジア諸国への進出が公害の輸出といわれました。このような実態などが、「帝国主義日本」の記憶とともに日本への厳しいまなざしにつながっていたことは間違いないでしょう。このアジアとの関係の厳しさは、それらの地域が第二次世界大戦前には重要な輸出市場であっただけに解決すべき問題点でした。しかし、中国との国交回復が大幅に遅れたことに示されるように、そのような改善には限界があり、その分だけ貿易面でも対米関係への依存度が高まることになったようです。

政治の役割という視角

第二の政治の役割については、「日本株式会社」論のようなかたちで緊密な政府と企業との関係がこれまで論じられてきました。しかし、その際に論じられているのは、「官と産」との関係です。たとえば通産省と鉄鋼業界とか、大蔵省と銀行業界というようにです。チャーマーズ・ジョンソンの『通産省と日本の奇跡』は、このような側面を描いて論議を呼んだ書物で、「政府企業間関係」の日本的な特殊性を強調しています。そこで描かれた「官と産」との関係が高度成長の前半期に見出されることは事実でしょう。しかし、それはいつまでも続いていたわけではありません。一九六〇年代の前半期には早くも産業界の利害と通産省の産業政策とはしばしば対立するようになります。その象徴的な出来事が特定産業振興臨時措置法案の挫折です。「スポンサーなき法案」とよばれた特振法の経緯を題材に、城山三郎は『官僚たちの夏』を書いていますが、この小説は「官と産」との関係が「乳離れ」の時代になったことを見事に描いていました。経済学を大学で講義していた作者の経歴が生きた作品でもあります。これに対して大蔵省と金融業界との関係は一九六五年の証券恐慌をきっかけに逆に強化され、保護主義的な政策の枠組が整っていきます。

このような関係は比較的よく知られていますが、これに対して「政と産」の関係はどのようなものだったでしょうか。政治的な指導が大きな転換点をもたらしたことは事実でしょう。鳩山内閣が日ソ国交回復を実現して国際社会への復帰の道を拓き、拡大する世界貿易の恩恵を受けられるような国際環境に日本経済を置いたこと、そして完全雇用を経済自立計画の目標に強引に設定したことは、高成長の実現の前提条件を整えるものでした。もっとも、この内閣が追求した憲法改正・再軍備という政策が実現していたら、後にもう一度ふれるように、軍備の重圧で高成長はかなり制約されたはずですから、この面では実現できなかったことが重要でした。池田内閣が政策の基本とした国民所得倍増計画も、積極的な企業行動を引き出す上では重要な意味をもちました。そして、これらの内閣の交替のたびに策定される経済計画は、政府の公共事業投資などの方向性に関する合意形成に重要な意味をもったようです。

しかし、「政と産」の関係を政治が果たした役割という側面から見ていくと、全般的にはあまり高い評価ができないようです。地域格差の是正という目標自体は肯定的に捉えられるべきものですが、田中内閣の列島改造論は円高不況への恐怖とあわさって過大な財政支出に結びつき、それまでにない激しい物価上昇を伴う経済的な混乱をもたらしました。また、佐藤内閣の福祉社会実現への取り組みも十分な財源措置などがないままに、高成長によって実現してきた税収の増加に依存していたために、成長率のスローダウンとともに後継の内閣では次第に重荷になってしまいます。これらの事実は、政治家たちが成長経済への転換に指導的な役割を果たしたというよりは、経済成長の恩恵を享受する側にいたことを示しているようです。一九八〇年代にはじまる「増税なき財政再建」という経済界の要求は、このような政治のフリーライダー(ただ乗り)としての地位を見直すことを求めたものでした。他方で、高い成長は経済界からの潤沢な政治資金の供給によって自民党の政治権力の強化に役立っていましたが、そうした関係のなかで政治資金をめぐる疑惑が多発し、自民党政権はこれに対する批判の声によってしばしば閣僚の更迭などを繰り返し、国内には政治不信が強まっていきます。

こうして自民党は市民的な選挙基盤を失い、革新自治体の躍進によって政治的に行き詰まりを見せ始めていきます。その結果、ばらまきによって選挙基盤を確保する利益誘導型の政治が、財源面では財界へと依存する度合いを深めることとなります。そして、その先に待っていたのは財界からの「小さな政府」要求でした。これが高度成長期以後の日本です。

高度成長期において政治家たちの経済政策への関与が薄かったことをもっとも典型的に示しているのが「貿易自由化計画」の決定過程です。安保騒動で自民党政権が危機的な状況になっていた六〇年六月に、この計画は閣議決定されています。これだけ重要な政策課題であるにもかかわらず、政権の内部で議論された形跡はありません。それどころではなかったというべきでしょう。このように具体的な政策は、「官と産」との間で形成され、政治はそれを追認するに過ぎなかったというのが、高成長のもとでの政治の役割ということなのです。高成長の時代のこのような側面を明らかにする上でも、歴代内閣の動きに注視していく政治史的な視点が重要な意味をもつと思います。

基盤としての戦後改革

さて、「なぜ高度成長が実現したのか」という問いかけに応える準備は一応整いました。同時代的には高い成長が当初から強く人びとの関心を引いていたわけではないことはすでに指摘したとおりです。しかし、この時代には、経済成長の推進が「望ましいもの」として人びとの心の中に受け入れられ、次第に、そのような感覚的な受け止め方が「成長こそが望ましい」という時代の主潮に変わっていきました。

そうした変化は、戦後改革が定着していく過程を追うことで知ることができます。改革の定着は高成長経済が実現してくる基本的な条件を示しているからです。

戦後史の中で高度成長期を位置付けるために『高度成長』は、この時期に戦後改革が定着し、国民的なコンセンサスになったことを強調しています。それは、今日的な問題関心にいくぶん影響されています。なぜなら憲法の改正による再軍備などの議論が「押しつけられた」改革ということを根拠に主張され、雇用の不安のなかで平等を制約してでも個々の経済主体に強いインセンティブを付与すべきだという議論が今、まさに展開されているからです。この議論の中では、所得格差の小さい社会は活力に欠けているという根拠のない言説まで登場しています。アメリカ的な社会システムが成功者に高い報酬を与えていることに注目し、その方が経済成長には望ましいということなのでしょう。

しかし、このような議論に対して、高度成長期の日本の現実は有力な反証になります。改革の定着では、国民主権、基本的人権の尊重、戦争放棄などの基本原則を定めた日本国憲法にかかわる問題、経済面での基本法となる独占禁止法の問題が中心となります。一九五〇年代の後半期に、鳩山内閣が憲法改正と再軍備を政策の主要な柱に掲げたこと、また、岸内閣期にかけて独占禁止法懇談会などで独占禁止法の改正が論じられたことを振り返ってみると、このいずれの提案も認められることはありませんでした。

憲法改正は、保守合同によって議会で圧倒的多数を占めるようになった自民党政権でも、改憲提案に必要な議席数を確保できず挫折します。社会党を中心とする革新政党の反対が市民的な基盤をもち得ていましたし、その後の安全保障条約改定問題で示された反戦・平和という国民の要求の大きさに、以後の自民党政権はこの問題を再度提出する力をもち得なかったということになります。

それは、日本国憲法がその立案の当初についてはGHQなどの強い意向を受けていたとはいっても、それから一〇年余りして日本の国の姿を定める基本法として受け入れられたことを意味しました。すくなくとも、この時には自主憲法を作り直すという要求は人びとの選択肢からは外されていました。

この選び取られた新しい憲法体制は、二つの面で高成長経済の実現に重要な意義をもつことになります。その一つは、戦争放棄をうたった第九条の条文からは逸脱したというべき自衛のための軍事力が創設されたとはいえ、この条項を基盤に日本は「軽武装」を選択することができたということです。軍事費の負担の小さい経済がこれによって実現します。高度成長期を通して対GNP比率で軍事費は一%水準を超えることはありませんでした。第二次世界大戦前の日本は平時でもこの比率は五%水準より高く、財政に占める軍事費の比率も高い状態が続いていました。もしこれと同程度の負担が戦後の日本にのしかかっていたとすれば、日本の成長率はもっと低い水準にとどまったと考えられます。軍事費の支出は生産的な設備の投資を制約し、政府財政による公共事業投資などの社会資本の拡充を制限することになったと考えられるからです。

もちろん「軽武装」の選択に際して革新勢力の役割は限定されたものであったことも留意される必要があります。自由党の吉田政権によって選び取られた「軽武装」という選択は、自民党政権内部でも保守勢力のなかで重要な潮流を形成し、改憲論を掲げる旧民主党系の潮流とは一線を画していたからです。他方で、労働組合運動に依存する傾向の強かった社会党の力不足のなかで、平和運動や公害反対運動などの住民運動が次第に活発化します。それらの運動が安保闘争の挫折のなかでも体制批判勢力として一定の地歩を築いたことは、軽武装という選択を維持する上では重要な役割を果たしました。

もう一つは基本的な人権の尊重に見出される、権利の保障と平等な社会の実現という理念が、経済的な面では戦前のような高い所得格差をもつ社会とは異なる、より平等な社会構造を作り出す基盤的な条件となったことでした。農地改革や労働改革を起点に社会的弱者の権利が保障されるようになったことは、戦後改革の成果としてしばしば指摘されてきました。これに加えて、日本国憲法の理念が広く受容されたことの意義は、所得分配の平等化を基礎として勤労者の所得増加をもたらし、大衆的な消費社会の形成につながったのです。勤労者の所得上昇は、労働組合運動が賃金闘争を中心とした運動方針に転換し、協調的な労使関係を築いていくなかで着実なものとなっていきます。この協調的な労使関係は、生産現場における提案制度を通して生産性の向上に貢献しましたし、配置転換などに柔軟に対応する従業員の企業内流動性の高さが技術革新を容易にするなどの強味を発揮することになりました。他方で、農民たちの所得に対しても米価の引き上げを通しての所得補償が、保守政権基盤の維持という観点からも展開されることになります。

このような特徴点、つまり軽武装や所得分配の平等性は、高度成長期の日本経済を特徴づけ、その高成長の基盤となったものです。所得格差が拡大してもそれは成長のやむを得ない代償と考えている今日の日本の状況と対比すると、このような新自由主義的な論議は根拠が乏しいのです。

競争的秩序と政策介入という条件

日本国憲法が定着したとみられる一九五〇年代後半に、日本経済は高成長経済へと転換し、国際的にも注目されるほどの躍進を遂げることになりました。そこでは、より平等な社会への接近が「完全雇用の実現」や国民所得の倍増というような政治的な課題を設定されることになります。それは、当時の人びとの認識としてはやや背伸びした高い目標が国民的なコンセンサスになったことを意味します。この高い目標は積極的な企業の投資行動を呼び起こしました。「投資が投資をよぶ」という時代がこうして幕を開けます。しかし、高成長の源泉は、国内の投資需要だけではありません。所得分配の平等化を基礎とした個人消費支出の堅実な伸びが家電製品や自動車などの耐久消費財産業の発展をもたらし、産業構造が一段と高度化していきます。また、農業などの生産性の低い分野が順次縮小し、第三次産業のなかでも金融、大規模小売店などの商業部門、運輸部門などで高い効率性を発揮するような経営体が登場し、これらの部門でも生産性が高まっていきます。こうして高い成長が実現していくのです。

このような企業行動の基礎には、独占禁止法に基づく競争的な秩序がありました。この点でも改革の定着が重要な意味をもっています。戦後改革によって、持株会社が禁止され、企業合併に制約があり、カルテル的な共同行為は例外的な条件の下でしか認められなくなっていました。経済界は一九五〇年代後半にカルテル行為については弊害規制に転化すべきだと要求していました。それにもかかわらず、このような要求は、産業界の一部にも反対があり、消費者団体などの強い反対運動もあって断念されます。そしてこれ以降、独占禁止法によって自由で競争的な市場経済を原則とすることは揺るぎのないものになりました。

もちろん、自由が認められたから企業が積極的な投資に邁進したというわけでもありません。しかし、参入の自由を制限するようなカルテル規制が存在した戦前の産業とは異なる市場環境が生まれたことは事実でした。そして、それ以上に重要なことは、逆説的ですが、この独占禁止法に基づく競争的秩序への移行が、政策介入の余地を広げ、政策官庁の役割を大きくしたことです。独占禁止法は、民間企業の自主的な共同行為は禁止していましたが、行政的な介入によるそれを排除しませんでしたし、数多くの適用除外立法によって調整的な政策介入の道が拓かれました。その中には中小企業対策など、競争秩序維持を目的とするというよりは、分配の平等性を求めるなどの社会政策的な視点から制定された法律もありました。その一方で、重要な産業分野でも設備投資調整や勧告操短などが行政指導のもとで展開し、あるいは不況カルテルや合理化カルテルが認められました。これらの措置に対して公正取引委員会が厳しい監視の目を向けたことで、それが無制限に展開されることがなかったことはいうまでもありません。その意味で原則は変わらなかったのです。

そうした原則の下で、政府の介入的な措置によって実施された、新興の未だ基盤の整っていない産業の保護や重点産業への政策金融の展開、衰退産業に対する調整政策は、産業発展のスムーズな展開を促すものでした。しかし、それだけでなく、これらの政策介入はさまざまな影響を与えました。設備投資調整などの措置が乗り遅れまいとする企業の投資行動を誘発したことは、石油化学工業の育成政策などの例でよく知られています。政策介入は過剰投資の抑制を意図したものでしたが、結果的にはこのような介入的な枠組のなかで政府の認めた投資計画は、問題が発生すれば政府の調整によって窮地を脱しうるというような期待を企業に抱かせたようです。つまり産業政策の展開がセイフティーネットとして機能することで、企業の投資行動はさらに積極果敢に加速されたのです。

しかも、このような介入的な措置は、貿易の自由化や資本取引の自由化などの国際的な枠組を前提とした時、いずれは消滅するものと考えられていました。国際的な圧力のもとで通産省などの政策官庁は、政策関与の幅を広げようとその手段を模索することになります。しかし、特定産業振興法の挫折に示されるように、このような方策は実現しませんでした。自律性を強めてきた民間大企業は、政府からの自由を選択するようになったのです。高成長経済への転点に独占禁止法に基づく競争的な経済秩序という原則がもっていた意味は、以上のようなものです。これも戦後改革を継承したものであり、独占禁止法は戦後経済社会の基本法として尊重されることになったのです。

以上のように、戦後改革の基本的な理念が定着するなかで、日本経済は高成長経済へと転換したのです。それは、高い成長がどのような枠組で実現するかという問いかけに対して、さまざまな示唆を与えてくれる歴史的経験であったということができます。今日的な問題を考えるうえで、この時代から何を学び取ることができるかについての著者のメッセージが届くほどの筆力があるとは思っていませんが、何かを考えるきっかけになればと、書き終えてしばらくたった現在、願っているところです。

お薦めの五冊

①石牟礼道子『苦海浄土――わが水俣病』（講談社、一九六九年。のちに講談社文庫）

まだあまり注目を浴びていなかった一九六〇年から水俣の人びとに密着して著者が書き継いだ作品を単行本としてまとめたもの。公害問題への関心の高まりのなかで、注目を浴びることになったが、被害者の側にたってその生の声を伝えた著者の誠実な姿勢から、高度成長の陰に横たわる悲惨さが伝わる作品です。

②エコノミスト編集部編『高度成長期への証言』上・下（日本経済評論社、一九九九年）

高度成長期とはどのような時代であったのかを、その当時活躍した人たちに直接インタビューしてまとめた証言記録集。多彩な証言者の証言を通して、時代の生き生きとした雰囲気や当事者が直面した問題など明らかになり、発見の多い証言録です。

③加瀬和俊『集団就職の時代――高度成長のにない手たち』（青木書店、一九九七年）

高度成長期に多くの若者たちが生まれ育った地方から都会に働きに出ました。その姿を

「集団就職」という視点から探り、彼らがどのような仕組みのなかで都市に出ることになり、どのような職業生活を送ることになったのかを、研究的な視点から平易に明らかにした書物です。

④天野正子・桜井厚『「モノと女」の戦後史——身体性・家庭性・社会性を軸に』(有信堂高文社、一九九二年。のちに平凡社ライブラリー)

経済成長が主婦の生活などをどのように変えたのかを、モノの変化に注目しながら描いた研究書。身近な問題でありながら、見逃されがちな生活面での変化のもつ意味を問いかけたもので、高度成長の意味を生活面から考えるうえでは逃せないものです。

⑤香西泰『高度成長の時代——現代日本経済史ノート』(日本評論社、一九八一年。のちに日経ビジネス人文庫)

経済企画庁の窓から高度成長を見てきた著者が、政策立案者としての知見などを基礎にして、コンパクトにまとめた高度経済成長期の経済分析。経済的な視点からの分析に徹しているために政治・社会などの歴史の諸側面にふれることは少ないのですが、政策立案にかかわっていただけに、その広い視点からの分析には参考となる点が多いものです。

第9章　歴史はどこへ行くのか

吉見俊哉

歴史の断層とは何だろう

歴史の変化には、誰の目にもはっきりと見える断層と、同時代人の目には見えないけれども私たちが経験する世界を基盤から変えてしまうような構造的な変化があります。たとえば、一九四五年の敗戦や六〇年安保などは、前者の好例でしょう。これに対して後者は、いつ、どんな契機から変化が起きたのかを簡単に断定することはできません。数百年単位の変化もあるでしょうし、数十年単位の変化もあります。いわゆる近代化、つまり近代以前のさまざまな形態の社会が、すべからく近代という巨大な制度の内部に組み込まれていくプロセスは、人類史にとってきわめて大きな数百年単位の変化です。これに対して、本シリーズの第9巻で論じたのは、そのような近代の内側の変化であるかもしれないが、戦後日本という、冷戦体制のなかで一九五〇年代から六〇年代にかけて立ち上げられた歴史的主体が、七〇年代の半ば以降、徐々にその中身を空洞化させ、内側から崩壊していく数十年単位のプロセスです。

たしかにこの崩壊が、多くの人々の目にはっきり見えるものとなったのは、一九九〇年代半ばのことでした。バブル経済の崩壊と自民党長期単独政権の終わり、そして阪神淡路大震災やオウム真理教事件が、この崩壊プロセスを実感させていきました。しかし、このように経済、政治、社会の各方面で露呈していった戦後日本の「崩壊」の基底には、どのような構造的な断層が存在したのでしょうか。バブル経済の出現と崩壊、保守政治の不安定化の背景には、どんな新しい政治経済の構造変動が存在するのでしょうか。そしてまた、オウム真理教事件のような出来事は、現代日本人のいかなる意識や感覚の変化と結びついているのでしょうか。

一九九〇年代以降、この国では何かが終わろうとしていきました。九〇年代の細川政権では不完全に終わった「政権交代」が、その後の一六年間に及ぶ曲折を経てようやく本格的に実現し、苦しみながらも民主党によるさまざまな挑戦が始まっている現在、私たちは九〇年代に露呈した社会の構造的な変化が、どのような歴史と構造の中で起きたものであったのかを明らかにする必要があります。本シリーズの第9巻は、まさにこの課題に挑戦したものです。

今、私は「構造」という言葉を使いました。実は、この「構造」というのがやっかいな言葉です。諸要素が複雑に結びついた状態があり、個々の要素の具体的な中身の変化にかかわりなく、結びつき全体を成り立たせている何らかの方程式のようなものを「構造」と呼ぶ点では、多くの立場は一致しています。しかし、ここから先は、対象とする社会の機能や活動の連鎖関係に注目するか、それともその社会を社会として成り立たせている世界像や意味に注目するかで、「構造」の理解はかなり異なったものになってきます。ここではとりあえず、前者をシステムの展開の次元、後者をリアリティの存立の次元と呼んでおくことにしましょう。システムの展開の次元には、私たちがよく経済構造や政治構造、社会構造といった言葉で示す「構造」の諸局面が存在します。この次元の構造変化は、客観的なデータに基づいて俯瞰的に観察されます。これに対してリアリティの存立の次元には、無意識的な位相と意識的な位相、あるいは個人の位相と集合的な位相などが存在します。この次元は、どうしても「誰にとっての」リアリティかという認識主体の側からの視点を抜きにしては語れません。歴史というのは、このような二つの「構造」の次元が相互に結びついたものですから、具体的な事象の中で、システムの展開とリアリティの存立がどのように結びついていたのかを考えていかなくてはなりません。

システムの展開の次元とリアリティの存立の次元は、相互に入れ子のような関係になっていて、どちらかが主で他方が従という関係ではありません。つまり、いわゆる下部構造と上部構造というような関係ではないということです。人々が共有するリアリティは、たしかに社会システムの中で生産されてきますから、リアリティはシステムの展開の副産物だと思われるかもしれません。しかし、より根底的な次元から、社会を社会として成り立たせ、その再生産を支えているのは、無意識的、意識的に人々に共有されているリアリティの構造です。言語学の知見を未開社会の分析に応用して成功した構造主義以降、実に多くの人類学者、歴史学者、社会学者が、現代に至る諸社会についてこうした意味での「構造」の解析を試みてきました。そしてこの文脈で、かつてマルクス主義がさかんに語った「イデオロギー」にも、新しい視座からの考察がなされるようになってきましたし、近年では「構造」と「イデオロギー」を架橋しつつ、植民地主義やジェンダー差別、階級関係が文化次元から解析されてきました。

転換点としての一九七〇年代

話を九〇年代以降の日本に戻すなら、この頃までにはっきりと露呈する日本社会の構造変化も、システムの展開とリアリティの存立の両方の次元を含んでいます。前者はどちらかというとマクロな話で、この次元で九〇年代に顕著になる最大の変化はグローバリゼーションです。この動きが本格化したのは、世界の金融が変動相場制に移行した七〇年代半ば以降で、オイルマネーの勃興と社会主義国家の崩壊、繰り返される金融危機と国民国家の動揺などがこれに続きました。他方、リアリティの存立という次元では、七〇年代初頭までの、人々が現実の彼方にある「夢」を追い求めた時代が終わり、八〇年代を通じて日々のリアリティは、もはや「現実」とその彼方にあるべき「夢」との緊張関係が失われた「虚構」の地平で営まれていきます。こうして九〇年代に顕在化する「崩壊」の諸相は、システムとリアリティのどちらの面からみても、すでに七〇年代から起きていた変化の結果であったことがわかります。

本シリーズの第9巻では、このように七〇年代を転換点とする現代日本社会の構造変化を、いくつかの具体的な事象の対照で例示しました。たとえば、同じ自民党政権でも、「池田勇人《はやと》から田中角栄まで」の政権と「中曽根康弘から小泉純一郎まで」の政権では、その指向する政策の軸が明らかに異なります。田中角栄までの保守政権は、高度経済成長による開発利益の地方還元、つまり成長の富を地方の産業基盤整備や道路やダムの開発に投資し、その見返りに選挙民から支持票を集めることで成り立っていました。この利益再配分の仕組みは「福祉国家」というよりも「土建国家」と呼びうるものでしたが、八〇年代以降、中曽根政権から小泉政権までが指向したのは新自由主義(小さな政府)で、大きな政府という発想は徐々に否定されていきました。こうして英国のサッチャー政権や米国のレーガン政権からブッシュ親子政権までと同様、新自由主義的な国家モデルがグローバル化する中で、日本でも国鉄民営化から郵政民営化まで、公共的サービスの民営化が進められました。経済的富の追求が第一とされ、国立大学や博物館のような学術機関にまでも経営的な観点が導入されていきました。

当然、このような国家モデルの転換は、産業構造の大きな転換と対応するものでした。すなわち、石油化学コンビナートに代表される重化学工業主導型（重厚長大）の経済から、半導体からインターネットまでの情報サービス産業中心（軽薄短小）の資本編制への転換です。この転換は、企業の組織原理も変化させ、年功序列と集団主義を基調にした「日本型経営」の優秀さを喧伝する声は萎み、個人の能力や業績を厳しく査定する成果主義的な経営管理が広がっていきました。ネットワーク化された情報の高速処理を基盤にした新しい産業体制は、それまでの体制よりもはるかに変化が速く、流動的です。これに対応するためにも、企業は正規雇用の従業員の割合を減らし、リストラを進め、非正規雇用の割合を拡大させていきました。結果的に、不況時には一挙に雇用が崩壊し、社会全体が不安定化していくことになりました。このような急激な社会の不安定化は、八〇年代までは想像もできなかったことです。

これらの政治や経済の構造変動と、「虚構」の全面化とでもいうべきリアリティの存立機制の変容が、果たしてどのように結びついているのかに答えることは簡単ではありません。後者の変容は、象徴的には一九五八年に完成した東京タワーと八三年に開園した東京ディズニーランドの対照によって示すことができます。六〇年代、集団就職で上京したての頃に東京タワーに上り、眼下のプリンスホテルの芝生やプールのまばゆさを脳裏に焼き付けていた少年永山則夫は、六八年秋、そのプリンスホテルのプールサイドに侵入したのをガードマンに見つかったところから連続ピストル射殺事件を起こしていきます。永山の犯罪は、「夢」の時代の陰画、大衆的な「夢」の実現から排除された者の「夢」破れての軌跡の結末でした。これに対し、八〇年代末に起きた宮崎勤の連続幼女誘拐殺人事件では、殺人そのものが現実的な回路が失われた「虚構」の感覚のなかで実行されます。同様の変化は、若者たちが引き起こしていった社会的事件にも認められます。「夢」の時代が内包する自己否定の契機を極限まで推し進めたのが一九七一年から七二年にかけての連合赤軍事件であったとするなら、九〇年代、「虚構」の時代のリアリティ感覚を極限まで推し進めたところで生じたのはオウム真理教事件でした。

以上で概括した二つの次元の構造変化、すなわちグローバリゼーションの中での新自由主義的国家モデルやフレクシブルな資本編制の全面化と、社会的なリアリティの虚構化は、深いところで結びついています。その結びつきは複雑ですが、一つの並行的な現象が生じているように思われます。それは、国民国家の空洞化と、そのような国民国家の中で想像＝創造されてきた近代的自我の空洞化です。戦前までの日本は、天皇を超越的な準拠点としつつ、国家の統合と帝国への展開、そのような膨張国家の基盤をなす臣民の創出を推進してきましたし、戦後はこれが、植民地なしの国民国家とその国民の主体性を、技術的な優秀さや経済発展に仮託することで再構築するモードに転態してきました。ところが九〇年代以降に顕在化したのは、この戦後的な国民国家の溶解とそこで育まれてきた自我の空洞化です。私たちの時代のリアリティの虚構性は、単にテレビなどの視聴覚メディアの遍在化で世界が疑似イベント化したからではなく、国民国家がゆるやかに崩れていく中で、そもそものリアリティの留め金としての自我があやふやなものになってきていることと関係しているのではないかと思われます。

提起された問題点

第9巻『ポスト戦後社会』で扱ったのは、以上のような一九七〇年代以降の日本社会の歴史です。この本について、私が教えている大学の学生たちから批判的コメントを出してもらいました。そのコメントで最も多かったのは、「家族」「地方」「社会運動」の三つのテーマについてでした。著者は社会学や文化研究を基礎にしていますから、「政治」や「経済」についてのコメントが少なかったのは不思議ではありません。しかし、社会文化的な分野でも、「メディア」や「都市」や「消費社会」など以上に「家族」「地方」「社会運動」といったテーマにコメントが集まったのは、最近の若い人々の関心を象徴しているのでしょう。

たとえば、まず「家族」については、私は同書の中で家族の結合力の弱まりについて言及しましたが、それを電子メディアと関連づけることに対しては、「電子メディアの利用度の高い者のほうが家族とのコミュニケーションも頻繁に取れているというデータもあり、電話のようなパーソナル・メディアが家族を電子的に分解させていったとは言えない」との意見がありました。また、格差の拡大と未婚化や少子化の傾向を結びつけることに対しても、「未婚化、少子化の原因を格差拡大に求めるのは乱暴ではないか。「できちゃった婚」の割合がかなり大きくなってきているのを見ると、経済的な理由による結婚の抑制という現象がどれほど大きいかは疑問」との意見も出されました。

私は同書で、電子メディアが一方的に家族を解体させるとも、格差拡大が少子化の主要な原因だとも書いてはいないのですが、それでは現代日本に広がる家族的紐帯《ちゅうたい》の弱まりや未婚化、少子化といった傾向の原因は何かと問われても、これに明快に答えるのは困難です。携帯電話やインターネットの日常生活への浸透は、家族関係を維持する方向にも、分解する方向にも働き得ますし、経済的な格差拡大が顕在化するのはここ十数年の現象ですが、少子化はもっと前から始まっていますから、格差拡大は少子化の主要な原因ではありません。しかし、すでに家族が分解しつつあるところでは、電子メディアは解体を促進させる可能性がありますし、少子化の根底的な要因が変化しないまま格差拡大が進んでいくと、この傾向をさらに強める可能性があります。九〇年代以降、日本社会のさまざまな領域で社会的な結合が弛んでいきましたが、その根底には市場原理の全面化、その結果として生じた公共領域や共同性の領域の縮減という事態がありました。家族の領域でさまざまに起きていったのは、そうした市場原理の全面化と個々人のリアリティの世界での変化を媒介する位置にあった出来事だと言い得ましょう。

それでは、同時代に地方で起きたことの分析はどうでしょう。コメントには、「東京以外を

「地方」と一括りにすることには問題があるのではないか。中央と地方の格差是正を目指した全総、新全総の地方分散型開発主義が、地方の間での格差を生んでいったことも指摘すべき」という批判もありました。なかなか鋭い批判で、たしかに地域開発の問題を適切に捉えるには、地方間の格差の問題に本気で向き合わなければなりません。しかも、同様の格差や不均衡は地方内部にもあり、ある学生は、政府の農業支援策は「個別農家ではなく農協の利権を保護しているだけ」で、これは「単純に農業切り捨てというよりも、農協と農家、専業農家と兼業農家の関係」が温存されてきたことを問題にすべきだと主張しました。地域間の不均衡に加え、地域の内部でも農協と農家、専業と兼業の間の不均衡が構造を複雑にしています。

ポスト高度成長時代、地方が地域レベルで直面してきた問題を克服していく方法も、簡単ではありません。私は同書で、地域主導の「まちづくり」を肯定的に評価しましたが、これについても「観光に結びついたまちづくりの場合、「なつかしさ」や「ふるさと」のイメージを求める外部者の視線に合わせて街並みが改変されていく場合が多い」と、著者のオプティミズムを批判する意見がありました。事実は全くその通りなのですが、問題は、観光と結びついたまちづくりの虚構性を批判するだけでは、中央と地方、地方相互、地方内部のいずれのレベルにおいても、地方が直面している困難を克服できないことです。地方が幾重にも構造化された不均衡を生き、中央との、また地域相互の関係を組み直していくには、すでにある構造の外に出るのではなく、その中の自己を演じ、それを逆手にとる戦略が必要です。実際に各地のまちづくりがそうした自覚をもってきたとは限りませんが、地方には中央よりも矛盾が集積するがゆえに、前者が後者よりも賢く、巧みになっていく可能性もあるはずだと思います。

そして、もうひとつの焦点が社会運動です。一九五〇年代から七〇年代までの展開は、大雑把には「政治」から「経済」へ、「革命」から「消費」へ、「左翼」から「市民」へといった標語で要約されます。しかし、学生たちの意見の中には、「消費社会と社会運動を対立的な関係で捉えるのは、単純化しすぎ」であるとか、「一九七〇年代以降に台頭する新しい社会運動もまた一種の「消費」として分析するべき」といった意見がありました。たしかに、現象を社会的な受容の面から捉えるならば、七〇年代までに消費社会は「運動」も呑みこんでしまっていたかもしれません。メディアによる事件のスペクタクル化はどんどん進みましたから、「あさま山荘事件は、すでに「虚構」の時代の事件と見るべき」という意見にも一理あります。しかし、視点を受容の面から運動する人々の主観的な意識の面に移したときには、七〇年代前後はまだ前の時代からの連続性のほうが強く、これと受容の面での消費社会化とのギャップが甚だしかったことを、あさま山荘＝軽井沢という場所に注目して示そうとしたわけです。

近年、戦後の社会運動に再び関心が集まりつつありますが、七〇年代までの運動と同時代の消費社会の関係は複雑で、一筋縄ではいきません。今回の学生からのコメントでも、「なぜ、若者たちだけが六〇年代末まで強い政治意識を持ち続けたのかがよくわからない」という意見がある一方、「運動内部の世代間対立、あるいは学生たちの偏差値対立の視点がない」「全共闘との関係で、三島由紀夫の位置にも言及すべき」「連合赤軍による一連の事件をシステム的に捉えすぎている。もっと人間臭いドラマがあったはず」といった意見もありました。いずれも社会運動の内部構造にかかわる論点で、これらに答えていくには、六〇年代の運動をもっと内在的に記述していく必要があります。幸い、この時代の当事者はまだ多くが存命ですから、人類学ないし口述史(オーラルヒストリー)の方法が有効です。後述するように、二〇世紀を扱う現代史は、それ以前の歴史とは記述の史料的環境が根本的に異なっており、①新聞や週刊誌の記事を含めた膨大な文献資料、②普通の人々によっても撮られていった膨大な映像資料、③生き証人たちの口述史といった幾通りかのアプローチを相互参照し、総合する必要があります。五〇年代、六〇年代の運動史は、そうした作業の格好のジャンルとなるでしょう。

歴史記述のデジタルな地殻変動

結論に入る前に、今、言及した歴史記述の資料的基盤のうち、「文献」と「映像」がインターネットとデジタル技術の発展の中で急速に膨らんでいることに触れておきます。第一の、文献資料に基づく歴史の記述は、これまで歴史学が最も得意としてきた方法ですし、特に公文書記録や統計資料の扱いは歴史学が高度に熟達しています。私自身は社会学系の研究者ですが、この面での歴史学者の精密な検証に大きな敬意を持っています。こうした近代史などにおいて培われた方法論的厳密さを、現代の歴史分析でも深めていくことはもちろん必要です。

しかし近年、インターネットの普及と国立公文書館アジア歴史資料センター等をはじめとする機関でのデジタルアーカイブ公開の流れのなかで、日本でもネットからアクセスできる資料が劇的に拡大しつつあります。実際、アジア歴史資料センターの横断検索システムは画期的な試みですし、人間文化研究機構の研究資源共有化データベースにも相当の資料データが蓄積されてきています。これらのデジタルアーカイブが興味深いのは、多くの貴重な現代史資料が公開されているだけでなく、両機関とも異なるアーカイブをつなぐ横断検索システムを発達させているからです。さらに近年、国立国会図書館も電子図書館化に積極的な取り組みを始め、同図書館の近代デジタルライブラリーではすでに明治大正期の書籍一五万冊以上がネット公開されています。他に、大学などで公開されているデジタルアーカイブを加えると、すでに日本でも膨大な文献資料がネット上の検索システムに載るようになっています。国会図書館では、すでに四〇に及ぶデジタルアーカイブをつないだポータルサイトも開設しています。

近現代史では、公文書や統計資料だけでなく、新聞や雑誌も重要な歴史資料です。これらについても近年、紙面のデータベース化が進んでいます。この動きに先鞭をつけたのは、読売新聞社のデータベース「明治・大正・昭和」(現「ヨミダス歴史館」)でした。このデータベースは、読売新聞が発刊された一八七四(明治七)年から現在に至る一三五年間の新聞紙面を、一般記事のみならず広告までも含めて検索可能にした点で画期的でした。これによって、同紙に掲載された些細な三面記事的な出来事までを含めて検証可能になったのです。読売に続き、朝日新聞も明治大正期のすべての新聞紙面をデータベース化する作業を進めています。これらに対し、他の主要全国紙や地方新聞も非常に重要な資料基盤ですが、財政的余裕がないところでは全紙面のデータベース化は困難です。また、いくつかの新聞データベースは、一般の研究者や学生ではとても利用できない課金システムになっている場合もあります。今後、何らかの公的支援によって主要なすべての新聞紙面のデータベース化を進め、研究教育の観点からも公共性のある課金システムや横断検索システムの構築を進めていくべきでしょう。

デジタル化の中で資料環境が激変しているのは文献(テキスト形式の)資料だけではありません。もう一つ、二〇世紀の歴史が記述される上で、それまでの世紀とは決定的に異なる条件が出てきています。それは、膨大な映像(写真と動画)資料の存在、より正確にはその保存と活用に向けての動きの活発化です。もちろん、写真が発明されたのは一九世紀初頭ですから、一九世紀半ばから少なからず古写真資料が存在しています。しかし、プロの写真師が撮った風景写真や人物写真が商品として流通するという域を超えて、写真がごく普通の人々によって日常的に撮られていくようになるのは二〇世紀のことです。同時に、一九世紀末に発明された映画が定着していく中で記録映画のジャンルが成立し、都市の雑踏からダム建設、数々の社会的事件まで、それぞれの時代の出来事が映像に記録されていく機会が激増していきます。

ごく最近まで、これらの写真や動画は、その所蔵者以外、一部のコレクターや当該分野の専門研究者に知られてはいても、より広く研究者や学生が気軽にアクセスできるものではありませんでした。しかし、これもインターネットの普及とデジタルアーカイブ化の進展によって決定的な変化が起きつつあります。全国の公文書館や博物館で写真の公開を始めているところは少なくなく、たとえば沖縄県公文書館では、六万点近い沖縄戦と米軍統治期の写真資料がネット公開されています。国内のアーカイブではありませんが、グーグル社も『ＬＩＦＥ』誌の写真を公開しており、戦後日本の歴史的瞬間を捉えたものも少なくありません。

他方、動画分野のデジタルアーカイブは、公共的な映像配信の点で未発達です。You Tube等には歴史的映像もアップロードされていますが、出所が曖昧で関連データも不十分なため、研究素材としてはあまり使えません。国際的には、フランスの国立視聴覚研究所（ＩＮＡ）をはじめ、欧米の映像アーカイブが革新的な映像配信を始めており、韓国の映像資料院の映像配信体制も急発展してきました。これに対して日本では、ＮＨＫアーカイブスが研究者向けの映像の公共的利用にようやく道を開き始めたところです。このＮＨＫアーカイブスには、番組数にして七〇万作品、ニュース映像にして四八〇万項目が蓄積されており、テレビ映像のアーカイブとしては、アジア最大のものになる可能性があります。また、国立近代美術館フィルムセンターにも、すでに二〇万巻(長編映画四万本分)の映画フィルムが収蔵されています。

強調しておきたいのは、日本には、これらの機関以外にも膨大な映像フィルムがまだ残っていることです。個人愛好家のものは別にしても、各地の公民館や図書館の倉庫には、戦後、その地域で公開されてきた記録映画が死蔵されていることがあり、また各地の映画現像所の倉庫には、フィルムの複製用に保管された映画フィルムが五万本以上は残っているとされます。前者の場合、フィルムは繊細な保管状態の管理が必要であるにもかかわらず、不適切な温度・湿度の中に置かれているため、腐蝕が進行してしまうことが少なくありません。本来ならば、こうした多くの映像は、一刻も早く保存環境が整うフィルムセンターの管理に移管し、公共的な活用に道を開いていくべきです。ところが実際には、それらのフィルムの原版所有権や著作権の処理が非常に複雑で、所蔵者は保管しているフィルムを寄贈したくてもできない法的環境に置かれている場合があります。学術的に貴重な過去の映像がもうこれ以上失われないようにするには、どうしてもこれら権利処理を公共的資格で担保する法制度の整備が必要です。

以上のように、近現代史の資料環境は、「文献」と「映像」の両面でデジタルな地殻変動を起こしています。そう遠くない将来、近現代史であれば公文書と新聞紙面、各種の映像資料を相互に照らし合わせながら考察を深めることができるようになるでしょう。国会図書館のポータルサイトが示唆するように、何らかのテーマについて、特定のポータルサイトから世界各地に散らばった多様な形態の資料を横断検索できるようになるはずです。ここから少なくとも、次のような歴史記述にとって重大な変化が生じていくことになると予想されます。

まず、これまでとは比較にならないくらい、遠く離れた各地の記録の相互参照が容易になってきます。かつてコペルニクスが地動説を確信することができたのは、何か新しい科学上の発見があったからではありません。印刷術の発明によって、彼はそれまでの科学者には不可能だったほど多くの印刷された知識を蔵書していくことができました。そのことが、それまでに蓄積されてきた科学的データの相互参照を可能にしたのです。それと似たことが、今、インターネットの普及とデジタルアーカイブの叢生によって生じつつあります。異なる地域で保存された政府と自治体、行政機関の公文書や新聞記事、映像記録を相互参照することで、歴史的な事実とされてきたことの、より「厚い」文脈での記述が可能になってくるはずです。

おそらく第二に、それらの多層的なデータのずれや重なりが、関係者へのオーラルヒストリーの実践を刺激し、またそれを文脈づけていくことになります。インターネットから容易に獲得できる情報量が爆発的に増加したとしても、関係者と面会して証言を得ていくことや、過去に出来事が起きた場所に出向いて現場検証を重ねることは、ますます研究者には欠かせぬ手続きとなってくるはずです。そしてここでも、ICレコーダーの普及と今後さらに進むだろう音声認識技術の発達によって、膨大な人々の語りを蓄積し、それをテキスト化していくことが技術的にサポートされていきます。そうすると、それぞれの研究者やジャーナリストの仕事部屋には、きわめて多くのインタビュー記録がデジタル形式で蓄積され、その情報の公共的な保管や公開をめぐる倫理や制度的な環境の整備がこれまで以上に問題になってくるでしょう。

第三に、すでに述べた膨大な現代の映像記録を、未来の歴史研究者や学生たちがどのように読み解いていくことができるか、映像分析の方法論が本格的に問われていきます。そのような映像分析の方法論は、これまでならば映画研究（フィルムスタディーズ）や美術史（アートヒストリー）、メディアスタディーズなどの分野の研究者によって試みられてきたものです。それらの領域での知見が、今後の歴史研究にはますます本格的に導入されていくことが必要になってくるはずです。二一世紀の技術的環境の中で歴史を記述しようとする者は、とりわけその対象が近現代であるならば、研究の重要な資料となる写真や動画映像について、その媒体や撮影技術についての知識、記号学的な映像分析に関する知識、そして映像制作やオーディエンスに関するメディアスタディーズ的な知識を十分に持ち合わせていなければなりません。

最後に、映像のみならず文献的なデータの分析手法にも、決定的な変化が生じつつあることを付言しておきます。近年、コンピュータ科学の分野で発達した自然言語処理の諸技術が、社会的な記事や学術的な論述の分析にも応用され始めています。単純なキーワード検索では飽き足らず、テキストの中で使用されている用語の文脈上の位置から用語間の距離を計算し、その関係を可視化していくことが可能になっています。つまり、ある言葉の使用と別の言葉の使用がどのくらい似ているのか、似ていないのかが、語用論的なレベルの機械処理で解析できるのです。このことは、未来のコンピュータは、データベースの横断検索によって収集された大量の文献データを短時間で処理し、その中にある概念の基本的な構造やその歴史的な変化を抽出できるようになることを意味しています。つまり、これまでならば思想史家の本領であった作業のあるところまでを、コンピュータが一瞬でしてしまう時代が到来するのです。

実際、ＯＣＲ（光学式文字読取システム）、つまり画像データの中の文字列を既存の文字パターンとの照合によって読み取り、自動的にテキストデータに変換するシステムは、現在、急速に能力を向上させつつありますから、国会図書館や国立公文書館に所蔵されてきた膨大な活字資料が、画像データにとどまらずテキストデータとしてもデジタル化されていくことになる日がいずれ来ます。そうすると、そうしてテキストデータ化された膨大な文献資料について、各地のコンピュータ科学者と人文学者の連携プロジェクトが、その内部の概念関係や言説構造を可視化していく作業に手をつけていくでしょう。

私は、そのような技術的展開が、熟達した思想史家や歴史家の仕事を不要にしてしまうとは決して思いません。しかし、歴史家たちの方法論に、コンピュータはこれまで以上に深く影響を及ぼしていくようになるはずです。コンピュータの最大の特徴は、人間業では不可能なほどの大量の情報を一挙に処理できることです。数万本、何十万ページという一人の人間ならば一生を費やしても流し読みですらできない量の文献資料でも、コンピュータならば短時間に大まかな分析をしてみせることができます。しかし、そこから先はやはり専門家の出番なのであって、コンピュータによる大量の情報処理によって可視化された構造を踏まえつつ、いかにより深い考察を展開していくかが個々の研究者に問われていきます。

ポスト・ポスト戦後社会のゆくえ

話を本題に戻しましょう。二一世紀、日本社会はどこへ向かいつつあるのでしょうか。九〇年代以降、韓国や台湾が危機を必死で乗り越え、中国が大発展していくのを目の当たりにしつつ、日本は長期の低迷を続けました。中国ほど巨大ではなく、韓国や台湾ほど小回りが利くわけでもないこの国は、諸々の危機に大胆な対応ができないまま緩やかな崩壊を続けていったともいえます。その間に、「豊かな日本」の幻想ははじけ、格差が身近な現実となる中で、雇用も崩壊していきました。経済的な先行きはなお不透明ですが、政治的には民主党政権の誕生でようやく新たな一歩を踏み出したようです。すでに細川政権による最初の政権交代から一六年の歳月が経っており、多くの転換のチャンスが失われました。しかし、全国のダムや道路建設の中止、業務仕分けや普天間《ふてんま》問題への対処など、発足間もない鳩山新政権の取り組みは、少なくともこれまでのいかなる自民党政権とも異なる変化の可能性を感じさせるものです。「失われた十年」どころか「失われた二十年」を漂い続けることになった日本社会が、今日直面している隘路《あいろ》を突破していくことができるのか、二〇一〇年代は正念場となるでしょう。

こうして現在、何かが確実に終わりつつあります。では現在、この「終わり」の先で新たに何かが始まろうとしているのなら、それはいったい何でしょうか。

この問いは、第9巻のタイトルである「ポスト戦後社会」の「ポスト」とはいかなる「ポスト」なのかという問いとつながっています。そもそも「戦後」自体が「post-war」なわけですから、まずは戦争の「終わり」がいつだったのかということが問題です。実際、世界史的にみるならば、第二次世界大戦後の「post-war」は、「戦争なき時代」の到来を意味したのではなく、「冷戦」という新たな準戦時の到来でした。この時代のアジアでは、朝鮮戦争とベトナム戦争という二つの大規模な戦争が起こります。同じ頃、中国では文化大革命の闘争が繰り広げられていましたし、韓国、台湾、フィリピンは軍事独裁体制に支配されていました。少なくとも七〇年代半ばまで、東アジア（東北および東南アジア）において「戦後」は到来してはいなかったのです。東アジアに「戦後」が到来するのは、中国が文化大革命の混乱を終息させて「改革開放」政策に転じ、カンボジアでのポルポト派による大虐殺が終わり、韓国や台湾では民主化運動が盛り上がっていく七〇年代末以降のことです。つまり、「ポスト戦後社会」は、東アジア全体で考えると「戦後社会」そのものだということになります。

したがって、日本の「戦後」と東アジアの「戦後」には約三〇年間のギャップがあり、その間、日本と東アジアはそれぞれ「戦後ならざる戦後の時代」を生きていたことになります。国内的にみるならば、この三〇年間、つまり一九四五年から七〇年代半ばまでは、日本が復興期から高度経済成長期へと飛躍していく「輝かしき」時代でした。無論、三〇年間は同じように流れたのではなく、ちょうど中間の一九六〇年前後で前期と後期に分かれます。前期は「占領からポスト占領へ」の流れであり、軍事・政治的な支配者としてのアメリカが否が応でも強烈に意識されていた時代でした。この点で、日本と他の東アジア諸国の間には、まだ共通点があったともいえます。しかし、後期の六〇年代以降は、文字通り日本が高度経済成長にひた走る時代ですから、東アジア諸国との歴史的経験の共通性は見えなくなります。そしてこのような日本の「戦後」、東アジアの「準戦時」が終わるのが、七〇年代半ばからなのです。

七〇年代末以降、東アジアは、本格的な「戦後」の時代へ、日本の経験からするならば「ポスト戦後」の時代に入っていきます。韓国や台湾では、八〇年代を通じて民主化闘争が展開され、九〇年代になると中国に市場経済が浸透し、東アジアは何よりも経済で再び深く結びつき始めます。日本は八〇年代にバブル経済に沸いた後、長期的な停滞期に入っていきますが、同時代に他の東アジア諸国は成長を重ね、四半世紀ばかり早くに「豊かな社会」を実現していた日本との差異は、どんどん小さくなっていきました。現在では、東アジア諸国から若者たちが職を求めて日本に流入してくるだけでなく、日本から香港や台湾、東南アジアに若者たちが職を求めて出ていくようにもなっています。戦後日本とポスト戦後日本では、国内的にみるならば前者の「発展」と後者の「停滞」が対照されますが、国際的にみると前者の「単独性」に対し、後者では他のアジア諸国との「共通性」が拡大していることに気づきます。

したがって、二一世紀の日本とアジアの可能性は、七〇年代までの戦後日本がアメリカの傘の下で享受してきた「単独性」にではなく、日本が停滞期に入る九〇年代以降、東アジアに広がっていく「共通性」にこそ賭けられているのではないでしょうか。九〇年代以降、東アジアの共通化＝統合化は、とりわけ「経済」と「文化」の二つの領域で著しく進みました。経済面では、日本と中国の貿易額は、二〇〇四年に二二兆円に達し、日米の貿易額を凌駕します。これに日韓、日台、日本と東南アジア諸国の貿易額を加えて考えれば、二〇〇〇年代後半に東アジア圏内での経済関係の重要性は、日米経済をすでに上回りつつあるといえます。他方、文化

について いうならば、九〇年代には日本のトレンディドラマやJポップの音楽がアジアで流行していきましたが、やがてこれが韓流ブームにも広がり、大都市の新中間層を基盤とした大衆消費文化の共通性が増殖していきます。韓流スターやジャニーズアイドルに対する熱狂は、東アジアの都市部ではほぼ共通の消費感覚がすでに広がっていることを示しています。

ところで私たちは、本章の冒頭で、社会の構造的な変動を、システムの展開とリアリティの存立という二つの次元から捉える必要があることを確認しました。システムの展開は、とりわけ経済の変化と深い関係があります。リアリティの存立は、とりわけ文化の形式をとって表象されます。ですから九〇年代以降、経済的、文化的に日本と他の東アジア地域の結びつきが格段に強まったことは、システムとリアリティの両面で日本社会の中でアジアシフトが起こりつつあることを示唆しています。無論、現在でも、軍事、政治、経済、文化のすべての面で、アメリカは日本社会の動向を左右する最大の因子として作用し続けています。したがって今後もしばらくの間、日本はアメリカとアジアの間でそのポジションを細かく調整していくことになるでしょう。しかし、日本社会のアジアシフトは、すでに文化や経済といった人々の生活に深くかかわる分野で確実に進行しているのです。二一世紀の日本は、二〇世紀の日本よりもアメリカとの間に徐々に距離をとり、アジアに近づいていく方向（脱米入亜）に進むでしょう。それができなければ、アジアの中で日本は孤立し、未来への展望を失ってしまいます。

二一世紀中葉までに、日本と中国や韓国、東南アジア諸国との間の文化的、経済的障壁がますます低いものになったとき、この新たな文化経済圏からどのような歴史の未来が生まれてくるでしょうか。その頃までに、東アジアにもEUに似た「共同体」を構築していくことは可能でしょうか。もしも歴史がそのような方向に進むとすると、日本はいわば、EUの中のイギリスに似た位置をとることになるかもしれません。しかしもちろん、東アジアで北朝鮮問題を考えることは、ヨーロッパで東欧問題を考えることとは事情が異なります。何よりも、日本や韓国には今も膨大な米軍が駐留し、広大な面積を基地として使用し続けています。この現状は沖縄において圧倒的で、沖縄の米軍基地問題は、北朝鮮問題が何らかの解決をみた後の東アジアで最大の問題の一つになる可能性があります。沖縄問題が、世界史的にもそれほど重大な問題なのだということに、多くの本土の日本人は、アメリカ人と同様、まったく無自覚です。

そのような中で、二一世紀の東アジア史の構想において、近現代の日本史研究が培ってきた知は、どのような貢献を果たしていくことができるでしょうか。私は、ともすれば大陸中国が中心になりがちなアジアの歴史像を、むしろ日本列島や朝鮮半島から琉球諸島、台湾を経てフィリピンやインドネシア諸島、マレー半島に至る長大な半島・島嶼《とうしょ》地帯の視座から相対化していく役割があるという気がします。この長い沿岸地域は、近代には軍事国家日本によって最も激しい侵略を受けた地域ですし、戦後はアメリカの軍事的覇権が最も強く働いた地域でした。

アジア・太平洋戦争の激戦と朝鮮戦争、ベトナム戦争は、いずれもこの沿岸地帯で起きたのです。しかし、歴史をもう少し遡るなら、この地域は海上交通で相互に結びつき、無数の商人や学者、渡来人、海賊などの交流で栄えていました。実際、日本列島とフィリピン諸島にはそれぞれ約七千、インドネシア諸島には約一万七千の島々があるそうですから、太平洋の島々までを含めれば、この一帯にはおそらく五万を超える島々が散在しています。島はそれぞれが小宇宙を成し、多様性の宝庫です。そのような無数の島や半島が結びつくことで営まれてきた歴史、そしてその歴史を自ら抑圧した近代日本と、後継としてのアメリカの軍事的覇権。二一世紀の東アジアで、日本列島の歴史をナショナル・ヒストリーの呪縛から解放しつつ、なおこれまでの研究の知見を豊かに生かす可能性は、逆に膨らんでいるように思うのです。

お薦めの五冊

①ノーマ・フィールド、大島かおり訳『天皇の逝く国で』(みすず書房、一九九四年)

昭和の終わりに立ち会い、沖縄国体で日の丸を焼いた知花昌一、自衛官合祀違憲訴訟を起こした中谷康子、天皇の戦争責任を問うた長崎市長の本島等の三人への深い聞き取りから、戦後日本に伏在していた心性を浮かび上がらせます。天皇の死への反応については、栗原彬ほか編『記録・天皇の死』（筑摩書房、一九九二年）も併読してください。

② 宮台真司・石原英樹・大塚明子『サブカルチャー神話解体』（パルコ出版、一九九三年。増補版、ちくま文庫、二〇〇七年）

一九八〇年代のサブカルチャーを、マンガ、ポピュラー音楽、セクシュアリティの三つの対象に焦点を合わせながらシステム論を基礎にその歴史的な展開を解析してみせた本で、出版時にはサブカルチャー研究の新しい可能性を拓くものと話題になりました。社会学の定量分析と文化史的な資料をどう結びつけていくか示唆に富みます。

③ 田嶋淳子『世界都市・東京のアジア系移住者』（学文社、一九九八年）

一九八〇年代以降の日本の都市の変化で最も重要な傾向の一つはグローバル化です。本書は、著者の長年の社会学的調査に基づき、東京の池袋や新宿等の地域でエスニック・ネットワークや独特の文化世界がいかに拡大していったのかをアクチュアルに描き出しています。同時期の東京の変化を俯瞰的に捉えた知的ガイドブックとして、吉見俊哉・若林幹夫編著『東京スタディーズ』（紀伊國屋書店、二〇〇五年）も併読してください。

④大澤真幸『虚構の時代の果て』(ちくま新書、一九九六年。増補版、ちくま学芸文庫、二〇〇九年)

一九九〇年代最大の社会的事件の一つであったオウム真理教事件について、この宗教のいかなる教義や実践の体系が現代の若者たちを巻き込み、やがて内と外に向けた殺戮に至らしめたのかを精緻に読み解いて、「虚構の時代」の深部に迫っています。

⑤船橋晴俊・長谷川公一・飯島伸子編『巨大地域開発の構想と帰結』(東京大学出版会、一九九八年)

日本の環境社会学を代表する三人が中心になって一九九〇年代、青森県六ヶ所村を中心としたむつ小川原開発の問題についての共同研究が進められ、その成果として出されたのが本書です。公害、道路や新幹線建設、ダムと原発等、地域開発と公共事業の問題を考える上で、六ヶ所村の問題には現代日本社会の問題点が集約的に露呈しています。

終章　なぜ近現代日本の通史を学ぶのか

成田龍一

通史の書き換えへ

岩波新書のなかに設けられた「シリーズ日本近現代史」(二〇〇六年より刊行)は本編九巻で、近代日本の始まりとしての一九世紀後半から二一世紀の現在までを扱います。おおよそ一五〇年ほどの期間ですが、近代国家＝国民国家の形成とその後の展開が見られた時期でした。戊辰《ぼしん》戦争や西南戦争があり、対外戦争も日清戦争、日露戦争から日中戦争、アジア・太平洋戦争など、いくつもの戦争を経験して敗戦にいたりました。「戦後」もまた、占領のあと、経済成長からその終焉までと、じつに多くの出来事があった時期です。

ここでは「なぜ近現代日本の通史を学ぶのか」という問いに対し、①なぜ「日本近現代」の歴史を学ぶ必要があるのか、②いま「通史」を学ぶことの意味はどこにあるのか、という二つの角度から問うてみることにしましょう。

あらかじめ、補助線を引いておきたいと思います。岩波新書では、これまで「日本近現代史」の「通史」として二種の本がよく読まれてきました。井上清『日本の歴史』(上・中・下、一九六三〜六六年)と、遠山茂樹・今井清一・藤原彰『昭和史』(旧版、一九五五年。新版、一九五九年)です。この二著は一九五〇年代後半から一九六〇年代前半にかけて出されましたが、「戦後歴史学」の代表的な「通史」といえるでしょう。「戦後」に歴史学が(それまでの皇国史観とは異なった)新たな出発をおこないますが、その戦後歴史学の問題意識と成果を存分に投入した著作です。

『昭和史』は一九五五年の段階で「昭和」の通史を描いたもので、サークルや読書会のテキストとしてさかんに読まれるとともに、同時代史の書き方、歴史の書き方をめぐって議論がなされることともなりました。戦争の推進者と抵抗者のみが描かれ、その中間層としての「国民」が不在であったり、人びとの痛みが描かれていないという批判がなされたのです。『昭和史』の認識と叙述に対し、歴史研究者にとどまらず、文学者や評論家が加わった「昭和史論争」となりました。現在では、その論争を踏まえて書き直された「新版」が刊行されています。

他方、『日本の歴史』は、一人の著者が「原始の時代から現代まで」を記していますが、近現代史の叙述に比重を置いている点に特徴があります。上巻は「原始の日本」から「鎖国と封建制」までを扱い、中巻は「百姓・町人の勢力の上昇」から「明治維新」をへて「天皇制の完成」、そして下巻では「初期議会と政党」から「第二次大戦後の日本と世界」を記述します（カギ括弧内は、章のタイトル）。全三八章のうち、第二一章「開国」、第二二章「倒幕」以降が近現代の歴史に当てられました。約半分が近現代史の通史ということになります。

その後、日本近現代史の領域では、一九六〇年ごろから「民衆史研究」がさかんに言われ、「民衆」を主体とした歴史像が探られました。岩波新書には、この民衆史研究による通史は見当たりませんが、西岡虎之助・鹿野政直『日本近代史』（筑摩書房、一九七一年）や鹿野政直『近代の日本』（「ジュニア版日本の歴史」の一冊、小学館、一九七八年）などが、こうした立場からの通史として出されています。『日本民衆の歴史』（全一一巻、三省堂、一九七四〜七六年）は、実際上は民衆運動の歴史を扱っていますが、これも民衆史研究に立脚する通史の試みということができるでしょう。

このことは、歴史学の関心が推移することにより、通史が書き換えられ提供されてきたということを意味します。「戦後歴史学」から「民衆史研究」へと歴史学研究が移行していき、そのことに合わせるように新たな通史が提供されたのです。

歴史学の世界では、さらに一九九〇年ころから新しい動向が見られるようになっています。とりあえず「現代歴史学」と呼んでおきますが、今回の「シリーズ日本近現代史」はそのような新たな動向――現代歴史学による通史の試み、ということになります。「戦後」の射程で見るならば、三回目の通史の大きな書き換えとなるはずです。

戦後歴史学と民衆史研究――問いかけと回答

さて、このように補助線を引いたうえで、さきの二つの問いに向き合ってみましょう。①の問いは、歴史学のなかで繰り返しなされてきました。なぜ歴史を学ぶのか、なぜ日本史を学ぶのか……と。ここでは、日本近現代史に限定したいと思いますが、なぜ日本近現代史を学ぶ必要があるのでしょうか。

歴史学は、問いかけと回答をともに提示するものです。問いかけと回答とをセットにして提出するところに歴史学の営みがあり、その回答は必ず歴史像=歴史叙述として出されます。通史の試みは、この問いと回答の営みにほかなりません。

とともに、すでに歴史学の動向を見てきた読者の皆さんには、「なぜ日本近現代史を学ぶのか」という問いへの回答として、戦後歴史学の通史があり、民衆史研究からの通史が続き、さらに現代歴史学からの回答が加わることが納得できると思います。それぞれの営みは時代背景をもっていると同時に、それぞれの歴史学の姿勢を示すものともなっているのです。それぞれの歴史学の課題と重ね合わされるようにして、日本近現代史を学ぶ意味が説かれ、通史が叙述されています。

戦後歴史学の問いかけは、先に挙げた『昭和史』の「はしがき」にはっきりと書かれています。

この本は、学界での研究成果の上にたって、私たちの体験した国民生活の歩みを、政治・外交・経済の動きと関連させて、とらえようとしたものである。とりわけ執筆者が関心をそそいだのは、なぜ私たち国民が戦争にまきこまれ、おしながされたのか、なぜ国民の力でこれを防ぐことができなかったのか、という点にあった。かつて国民の力がやぶれざるをえなかった条件、これが現在とどれだけ異っているかをあきらかにすることは、平和と民主主義をめざす努力に、ほんとうの方向と自信とをあたえることになるだろう。

戦後歴史学が日本近現代史の通史を提供する目的は、戦争の原因と過程を明らかにすること、そして戦争を阻止しえなかった要因を探ることでした。一九四五年の敗戦に重い意味を求める戦後歴史学がアジア・太平洋戦争の経験を考察の中心に置くのは、当然のことでした。また、朝鮮戦争や冷戦体制によりさらなる武力衝突への警戒心があり、「平和と民主主義」の追求が戦後歴史学にとっての重要な課題となりました。

これに対し、民衆史研究の問いかけと答えは、鹿野政直によって次のように記されます（『日本近代史』「共著者の一人によるあとがき」）。

いわゆる歴史における表面上のできごとつまり政治的諸事件などは抽象的に、これまで歴史の裏側におしやられながらしかし実際には歴史をささえてきた民衆の行動は具体的に、と心がけつつ、人びとの生活と心情の歴史を書こうとつとめた。いいかたはわるいが、意識的に〝女子供〟を主体にした歴史を書こうとつとめたといえるかも知れない。

鹿野はこのように述べ、さらに「歴史のそれぞれの局面に参加するつもり」で記したとし、その「〝臨場感〟をだすために記録類を多く使用した」ともいい、自伝や回想記を多く用いた叙述となっています。自らを「一人の弱い人間」といい、「さまざまのおろかしさをお互いに背負う人間」とも述べ、その立場から「歴史のそれぞれの局面に参加」しているという認識から通史を描くのです。

戦後歴史学が「公」の立場を強く押し出すのに対し、鹿野は「私」の観点を主張します。この点は、自伝や回想記を多用することとも連動しています。鹿野は続けて、こういいます。

歴史的〝事実〟としてはそれは、あるいは不正確な場合が少なくないかもしれない。しかしそれが人それぞれの〝詩と真実〟をかたっていると、わたくしに判断されるかぎり、むしろそれこそ真実の歴史に近いと思った。

歴史家として、また通史を描く立場として思い切った発言です。鹿野は、戦後歴史学の通史を前提としながらも、そこから落ち零れたり、はみ出してしまう存在に目を向けているのです。戦後歴史学を学びつつ、その「自己完結性」に違和感を有し、鹿野は通史を書き換えたのでした。

鹿野は、のちに(する側ではなく)「される側」の立場と、(一般的な視点ではなく)「にとって」の視点として自らの姿勢を整理しています(『「鳥島」は入っているか』岩波書店、一九八八年)。通史として描かれるとき、これまで切り捨てられてきた対象に目を向け、そこに立脚して歴史を捉えなおそうとし、それを民衆の視座から歴史を問う民衆史研究としました。

歴史が支配者の歴史であるという考え方は、戦後の歴史学のなかに一貫してあります。人びとの歴史を描こう、ということがさまざまに試みられてきました。このとき、戦後歴史学は人びとの運動――社会運動に着目し、民衆史研究は伝説や伝承といった領域にも目を配りました。ここには、「正史」に対する批判の姿勢があります。国家によって正しいと認知されて書き留められてきた歴史への批判です。この点からも歴史は絶えず書き換えられますが、そのことによって通史も書き換えられていくのです。

戦後歴史学と民衆史研究の問いかけと答えは、以上のように提供されてきました。それぞれに状況と向き合い、そこから課題を抽出し、さらにそれぞれの立場から歴史像として描いてきました。歴史像を提示しながら、〈いま〉を明らかにし、自らの課題を提示するという姿勢を見せています。

戦後歴史学と民衆史研究とでは、人びと(「国民」「民衆」)への向き合い方や課題の提示の仕方には温度差がみられます。しかし、〈いま〉との緊張関係を持ちながら、人びとへ働きかけ、その人びとに連なる歴史を描こうとしている点では共通性があるといえるでしょう。

歴史学にとって重要なことは、〈いま〉との向き合い方が切実でその核心を把握しているとき、そこでの見解が蓄積されていくことです。戦後歴史学から民衆史研究へと推移しつつ、前者の通史が一掃されることはありません。それぞれの歴史学の問題意識、そこで明らかにされた出来事が蓄積され共有されながら、その都度の状況のなかで書き換えが図られていくのです。

今回の「シリーズ日本近現代史」でも、「明治維新」―「自由民権運動」―「大日本帝国憲法」―「日清・日露戦争」―「大正デモクラシー」―「満州事変・日中戦争」―「アジア・太平洋戦争」―「占領と講和」―「高度経済成長」―「ポスト戦後」という大きな流れは、戦後歴史学がレールを敷いたものですし、民衆史研究も共有しているものです。

「現代歴史学」への継続と変化

このように通史を捉えるなか、二一世紀にはいった現在、日本近現代史を学ぶことの意味はどこにあるのでしょうか。現代歴史学のもとでは、この課題はどのように設定されているのでしょうか。

これまでの二者の論点を受け継ぐとともに、現代歴史学が新たに設定し、通史を書き換えようとした点とがあります。まず、受け継いでいる点は、戦後における歴史学研究の核としての、〈いま〉との緊張関係です。一九九〇年前後以降、世界も日本も大きな歴史の変化のなかに置かれています。現代歴史学はグローバリゼーションと呼ばれるこの新たな変化に向き合いながら、通史を書こうとしているのです。

「シリーズ日本近現代史」で、一八八〇年代を対象とした**牧原憲夫『民権と憲法』**（第2巻）は「人は「経験」から学ぶことができる。そして、現在のわれわれもまた、国民国家と競争社会のなかで、「欲望喚起」の仕掛けにとらわれながら生きている。とすれば、この枠組の形成期を生きた人びとの歴史的経験は、たんなる過去の物語でも他人事でもないはずである」と述べました。

また、人びとへの視点も受け継いでいます。戦後の歴史学は人びとへの視点を一貫して有しており、この点も共通しています。人びとに向かって〈いま〉の歴史的位置を説き、また人びとの意識から〈いま〉の位置を測る営みをおこなうのです。

一九四一年一二月からの戦争を扱った吉田裕『アジア・太平洋戦争』(第6巻)は、「戦争責任の問題を強く意識しながら、アジア・太平洋戦争の時代を自分なりに再構成してみたい」と述べるとともに、「人と人とが、殺し殺される関係性のなかに投げこまれる戦場という殺戮の現場への想像力」などの「戦争や戦場の現実に対するリアルな想像力の回復という問題意識をもう一つの核」としています。

しかし、現代歴史学では、戦後歴史学や民衆史研究が自明のこととしてきたこと、その前提を問いかける点を有していることを見逃すことはできません。

現代歴史学が登場した一九九〇年代を扱った、吉見俊哉『ポスト戦後社会』(第9巻)は「本書のシリーズの主人公である「日本」という歴史的主体が、すでに分裂・崩壊しつつあるのではないか」と、日本社会が経済的、文化的な次元で境界を越えて変容していることを指摘しています。「明らかなのは、九〇年代以降、「日本」やその「国民」は、問いの前提ではなく、むしろ問いの対象となったことである」と吉見は続けています。戦後歴史学や民衆史研究が前提とし、追究してきた「日本社会」の時間・空間や主体としての位置が「自壊していく過程」を描いたということになります。

　こうした歴史状況と歴史学を背景にした「シリーズ日本近現代史」では、あらかじめ「日本」や「日本人」を自明とすることはできません。幕末・維新の時期に「日本」の範囲が確定されますが、そのときの「日本」と大日本帝国の時期とでは「日本」の線引きが異なります。はじめから「日本人」が存在していたのではなく、その時々によって「日本人」とされる人びとが異なり、その線引きの力学の持つ歴史性の解明こそが歴史学の課題であると、現代歴史学は考えるのです。

　ややこしい言い方になりますが、「日本」と「日本人」の推移ではなく、「日本」や「日本人」がどのように定義されてきたか、そしてそのことをめぐってどのような出来事が起こり、いさかいや抑圧、排除や規制がなされたかを考察することとなります。

　このことは「われわれ」を問い直すということでもあります。「われわれ」といったとき、これまでは家族—地域共同体—国家という次元を持ちましたが、いまはそのそれぞれの次元に疑義が生じています。家族—地域共同体—国家の提示する共同性を問い、「われわれ」が自明ではないということを、歴史的な問題として考察する営みが始められたのです。現代歴史学は、ここから通史を書き換えようとしています。

通史とは何だろうか

ここまで「通史」ということばを定義せずに使用してきました。じつは、これを定義するのは容易ではありません。そのひとつの例証となりますが、通史は英訳することが難しいことばです。英語圏では、歴史叙述はすべて通史として提供されていますから。まずはゆるやかに、通時的に叙述されていること、それから、政治史などのようにひとつの領域に限定せずに、社会や文化をふくむ多くの領域を描こうとするものとしておきましょう。

身近な例では、教科書が通史のひとつの型を示しています。教科書では、原始古代から、中世・近世を経て近現代の時期まで、時間的な順序を追いながら、政治にとどまらずできるだけ多くの領域に目配りをして、まとまった歴史像を提供しています。政治の推移を軸としながら、経済や社会、また文化の動向にも目を配り総合的に歴史を描こうとしています。ふつうは教科書を念頭に置きながら、通史ということばを用いることが一般的でしょう。

地方自治体が編纂する地域史(自治体史)もまた、通史として記されます。行政制度を柱として、その地域の政治、経済そして文化の動向が追われます。しばしば「中央」の歴史をモデルとして、その出来事が地域でどのように展開したか、というかたちになっていますが、通時的、総体的な歴史叙述が試みられています。

また、専門的なものでは、歴史講座の類も通史が提供される場所です。代表的な歴史講座である『岩波講座　日本歴史』や、歴史学研究会・日本史研究会が編集した『日本史講座』(東京大学出版会)は、しばしば論文集の体裁を取ってはいますが、総体としての歴史を通時的にあきらかにしていこうとしています。

さきの井上清『日本の歴史』の「まえがき」では、四点をそのねらいとして述べています。第一は「原始の野蛮から現代の文明にいたる、日本歴史」を「創造発展させてきた原動力」をあきらかにし、(世界との関連や地理的条件など)「作用した諸条件」を具体的に追究すること。第二に、日本歴史のそれぞれの「発展段階」を確認し、「それぞれの時代像」と、「全体としての歴史の大きな流れ」とを「一望のうちにおさめること」。そして第三には、「人類史的な一般性」と日本歴史としての「特殊具体性」とを「統一的」に把握すること。

こうしたことにより、第四として、井上は「われわれの歴史の、経済、政治、文化そのほかすべての側面を綜合統一して説明し、歴史的現代を正確に理解するとともに、われわれの未来について、科学的な根拠のあるヴィジョンを、つくりあげるのに役立てること」をいいます。

ここに通史の目的と叙述、より正確にいえば、戦後歴史学が目指す通史のありようが描かれているでしょう。まずは時間的には「原始」から「現代」まで一貫した時間の流れとしての「日本歴史」を設定します。また、それを発展段階により時期区分したうえで、普遍性と特殊性の観点を入れながら統一し、政治や経済、文化の領域を対象とするのです。空間的な範囲を井上は明示していませんが、『日本の歴史』では日本列島が中心的に扱われています。井上の通史の考え方は、現在では修正が必要です。しかし通史を定義し考察するときの出発点と論点をよく提示している言でしょう。

入口としての通史

こうした通史の考え方をもとに、冒頭の②の問いを考えてみましょう。いま、日本近現代史を通史として学ぶことのもつ意味はどこにあるのでしょうか。

戦後歴史学を主導してきた歴史家の永原慶二は、「「通史」の役割」(『歴史評論』第五五四号、一九九六年)という論文で、個別研究との関係で通史を論じています。すなわち、通史は「個別に解明されてきた事象」を「前後矛盾なく位置づける」ものであり、そのような「試みの場」として意味をもつといいます。歴史家たちにとって、個別の研究の「成果の適否」や「意味づけ」の「実験的検証の場」として、通史を把握するのです。

通史が歴史家の営みの成果が試される「場」であるという永原の見解は、読者にとっては、通史が歴史叙述の総合的で集約された形態として提出されているということになります。永原は、歴史を描く側から発言するために通史を出口としていますが、歴史を学ぶものにとっては、通史は入口ということになるだろうと、私は思います。そしてここにこそ、いま、通史を学ぶことの意味があると思います。

歴史学研究は、個々の歴史家によって、それぞれの問題意識、方法、認識と叙述を駆使して営まれます。その営みが個別研究であり、その集積が通史としての日本近現代史像を作り上げていきます。読者はそうした通史を手がかりに、歴史事象に入り込むさまざまな入口を見出すことができるのです。個別の事象、つまり伊藤博文や北村透谷、あるいは秩父事件や「韓国併合」、アジア・太平洋戦争や朝鮮戦争といった個々の事項から歴史に接近していくこととあわせ、同時に、通史から入りゆくときには、歴史家たちが発見し意味づけた歴史事象がそこに叙述されており、多くの出来事が提示されていることに気づかれるでしょう。読者の側からは、通史に提示された多様な出来事の連鎖を、日本近現代史に接近してゆく有力な手がかりとすることができます。

もちろん、このときには(戦後歴史学、民衆史研究、現代歴史学といった)歴史家たちのもつ幅がありますが、あわせて通史が書かれる器がもつ条件もまた見逃せません。たとえば、教科書という器において描かれる通史は、歴史教育のなかで用いられることを前提としますし、自治体史では地域住民のための通史となっています。ここでは「国民」「地域住民」が求める歴史事象についての入口が準備されることとなります。

この点から、「新書」という器についても説明をしておく必要があるでしょう。新書の通史には、新日本新書版『日本歴史』（上・中・下、一九六五～六八年。改訂版、一九七八年。加藤文三、佐藤伸雄、西村汎子、矢代和也、本多公栄、米田佐代子）、講談社現代新書版「新書日本史」（全八巻、一九七六年。近代史の部分は、原田伴彦『改革と維新』、飛鳥井雅道『近代の潮流』、井上清『昭和の五十年』）などがありました。また、岩波新書では、先にみたように、『日本の歴史』や『昭和史』が刊行されています。

新書という器については、二つのことが指摘できるでしょう。まずは、新書は、なんといっても時勢との係わりが緊密であるということです。世界のなかの日本、日本のなかの世界が当たり前となり、「日本」も「世界」も定義なしでは論じられない状況のなかで、新書という器は次々に生起する現象に目を向け、論を提供しています。しかも第二には、大衆文化が大きな影響力を持ち、大部な著作を読む時間も所蔵する空間も限度があるなかで、機動力を発揮するのが新書です。

こうしたなか、新書を器とする通史に求められるのは、再定義された「われわれ」の共通理解であり、国民化からの解釈ではない新たな歴史の解釈にほかなりません。教科書との関連で言えば、教科書から一歩進んで読む通史ということになります。とくに歴史修正主義が、大きな文脈を無視して個々の出来事を解釈したり、逆に、個々の出来事を無視して大きな文脈を捏造したりすることに、きちんと歯止めをかける必要があるとき、新書通史は効力を発揮します。

もっとも、新書という器は紙数が限られてしまうという面があります。単行本であれば、基本的なことそこから派生するエピソードに触れるゆとりがありますが、新書では基本的なことを描くことでその紙数の大半が費やされます。したがって、何が求められるかという基本的な問いかけが、新書では要となります。

新書を主語として言えば、新書という器に新たな歴史認識と叙述を盛り込むことなりますが、まずは共有された認識を出発点とし、そこから〈いま〉との関係で離陸するのが、新書による通史ということとなります。「シリーズ日本近現代史」の各巻の表題が、見慣れたものであり、時期区分もこれまでの通史と大きく異なっていないのは、こうした理由に拠っています。

変わる通史――「国民国家化」への問い

これまで述べてきたように、通史は書き換えられ、変化してきています。通史といったときの「通」の内容が変わってきているということでしょう。

井上清が『日本の歴史』の近現代の部分において「通」としていたのは、一八～一九世紀の「大変革」によって形成された「日本民族」(「日本人」)であり、「日本国民」でした。日本はこの大変革以降、「資本主義と近代文化」を発展させますが、「専制天皇制と国権主義」が「勝利」し、帝国主義国として東アジア諸国に「侵略」し、第二次世界大戦での敗北にいたるとします。敗戦を転機とする「大変革期」は、「労働者階級を主力とする民衆」が「独立、民主、平和の日本を建設するかの岐路に立っている」としました。

この井上の言い方を用いれば、民衆史研究は「民衆」という「国民」が通時的に扱われています。西岡・鹿野『日本近代史』は、「領主支配からの解放」から「資本の支配」のもとに「民衆」がおかれるとともに、彼らが資本主義に「疑念」を有することを指摘し、また「戦争のなかの彷徨と営為」を大枠として提示したうえで、そこに「民衆」の経験を書き込みます。『日本近代史』に登場する固有名詞―個性として描き出される「民衆」は、（政治家や華族も含みつつ）巻末の人名索引で見るとき六八〇名を越えています。「シリーズ日本近現代史」の巻末索引で登場する人名は、（巻によってばらつきがありますが）一〇〇名ほどですから、いかに多くの人物―「民衆」が『日本近代史』に登場しているかがうかがえます。人びとの具体的な行動と営為が、通史として提供されているのです。

戦後歴史学と民衆史研究の「通」とは国民化でした。そこでは、国家と資本主義による「国民」形成を描いて見せました。「国家」が認定する行為と国家的な価値に対する批判をおこない、「国家」の歴史に対し、「国民」に立脚した、ありうべき歴史像を探っていったのです。

しかし、一九九〇年ころから国家と国民の相関関係に目を向け、国民を軸とする歴史像への批判が出されてきました。国民化を「通」とする歴史認識と叙述が疑われてきたのです。これは「国民国家」に対する批判でもあり、歴史学と国民国家との関係を問うこととも なりました。ナショナル・ヒストリー批判です。

井上勝生『**幕末・維新**』(第1巻)が目指したのは、幕末・維新期の歴史像が「攘夷」で沸き立ち、その中心に天皇がいるという「物語」への批判でした。「その物語は、近代日本がつくり出した、あたらしい天皇制近代国家の国家創世「神話」にほかならなかった」とするのです。井上は、明治国家という言い方で考察されてきた日本の国家形成の特殊性ではなく、国民国家としての普遍性に目を向け、さらにその国民国家化を批判的に考察しようとするのです。こうした文明化=国民化批判の観点が、一九世紀日本を対象とする歴史像では定着しつつあるといえるでしょう。

新たな「通」を求めて

このことを別の言い方をすれば、二一世紀の現在は、国民化に代わる「通」が設定されることになります。この「シリーズ日本近現代史」では「通」として、「軍隊」「家族」「植民地」という異なった次元の「通」を設定しました。このことは、**加藤陽子**『**満州事変から日中戦争へ**』(第5巻)が「あとがき」で明らかにしているとおりです。加藤は、シリーズの新刊案内を参照しながら、「ポイントは、家族、軍隊、植民地の三つ」であることを明らかにしました。

このように、これら三者を「主語としてこの時代を描く」ことが、「シリーズ日本近現代史」のねらいということとなりました。

「シリーズ日本近現代史」で「家族」「軍隊」「植民地」を「通」としたのは、〈いま〉この三者がそれぞれに問題となり、解決が求められているということが出発点にあります。「軍隊」「家族」「植民地」は近代が作り出したものであるとともに、それぞれ現代の社会を深部で規定しています。またこれらを通して、一九世紀後半から二〇世紀を経ていまにいたる歴史を見たときに、「日本」の歴史性と〈いま〉の課題が明らかになると考えたのでした。

むろん、これまでの歴史学が「軍隊」「家族」「植民地」を扱っていないというのではありません。そうではなく、これまで国民化の観点から考察されてきた「軍隊」「家族」「植民地」を、そこから解き放ちつつ「通」の拠点とすることをはかりました。

あらためてこの三者を考えると、「軍隊」「家族」「植民地」はバラバラではなく、帝国と植民地とにかかわり、三位一体となってあらたな課題を突きつけてきていることにも思いが至ります。この三者を「通」とするのは、帝国としての日本を明らかにしようという問題意識であると同時に、グローバリゼーションのなかでの「日本」を考えるということになります。

こうした観点から帝国形成期を扱った、原田敬一『日清・日露戦争』(第3巻)は、「一九四五年の敗戦という、いわば「外圧」によって台湾や朝鮮を手放すことになった近代日本は、安易に「植民地問題」を「解決」したのだ、という歴史的経緯を繰り返し思い出さねばならない」といいます。

また、**成田龍一**『**大正デモクラシー**』(第4巻)もまた、「本書の試みは、帝国のもとでの社会のありようを描き出すことであり、二〇世紀初頭のデモクラシーの歴史的な性格を、帝国主義―ナショナリズム―植民地主義―モダニズムとの関連で考察することとなる」としました。帝国という認識が、過去と〈いま〉を通底させるとともに歴史と現在とを往還しています。〈いま〉を問いかけること、そのことを歴史的な射程で考えることを目的とした「シリーズ日本近現代史」の試みは、別の角度からみると「戦後」という磁場を問いかけることにほかなりません。「シリーズ日本近現代史」は「戦後」をあらためて、〈いま〉の視点から問い直し、再構成する試みともなっています。

雨宮昭一『**占領と改革**』(第7巻)は、「これまでの研究では、占領と改革に肯定的であれ否定的であれ、被占領国の下層の人々までが支持する成功した占領として語られている」ことに対し「占領と改革の時代についてそのような語り方で本当によいのか」と問いかけました。

さらに、**武田晴人**『**高度成長**』(第8巻)も同様に、「高度経済成長という観念が時代の産物に過ぎないという主張が本書の底流にある」といいます。武田はこの立場から、「「経済成長の神話」が日本の人々のなかに深く浸透していった時代」を再構成して通史として語りました。

言ってみれば、戦後歴史学は日本近現代の歴史像を提供しながら、戦後史のなかの〈いま〉を批判的に追究しましたが、現代歴史学は戦後史の変わり目のなかで、〈いま〉を追究しているということになります。このとき、戦後歴史学や民衆史研究が歴史認識を前面に出していたのに対し、現代歴史学では、あわせて歴史を書くことの意味に関心を寄せ、歴史の叙述、歴史の語り方に敏感です。人びとを歴史の主体とし、人びとの歴史の局面への参加に着目するとともに、そのことが書き留められることの意味を問うのです。戦後歴史学や民衆史研究が人びとを「国民」や「民衆」としていたときに、「国民」や「民衆」の意味を問い、通史の意味を問う姿勢をみせています。

戦後歴史学により大きな流れが描かれ、民衆史研究によりそれぞれ「にとって」の歴史が記されたあと、再び「われわれ」の歴史をどのように考察していくのか――個々の出来事を整理する仕方から歴史の主体の設定に至るまで、認識、対象、方法、叙述のすべてに再考が促されています。加えて、戦後歴史学と民衆史研究という二つの流派は、積み重ねた問いによって歴史に向き合うことになりますが、現代歴史学では、問いを問うという姿勢をも有しています。

こうした状況認識により、あらたな意欲と構想のもとに通史の書き換えを試みた「シリーズ日本近現代史」の各巻を手にとっていただければ、これほどうれしいことはありません。

総目次

第3巻　日清・日露戦争　原田敬一

第4巻　大正デモクラシー　成田龍一

総目次

第5巻　満州事変から日中戦争へ　加藤陽子

第6巻　アジア・太平洋戦争　吉田　裕

第7巻　占領と改革　　雨宮昭一

第8巻　高度成長　　武田晴人

第9巻　ポスト戦後社会　吉見俊哉

第10巻　日本の近現代史をどう見るか

著者紹介

井上勝生(いのうえ・かつお)　第1章
1945年生まれ．北海道大学名誉教授．日本近世近代史．本シリーズ第1巻『幕末・維新』のほか，『幕末維新政治史の研究』(塙書房)，『日本の歴史18 開国と幕末変革』(講談社)，『明治日本の植民地支配』(岩波現代全書)など．

牧原憲夫(まきはら・のりお)　第2章
1943年生まれ．元東京経済大学教員．日本近代史．2016年逝去．本シリーズ第2巻『民権と憲法』のほか，『明治七年の大論争』(日本経済評論社)，『客分と国民のあいだ』(吉川弘文館)，『全集日本の歴史13 文明国をめざして』(小学館)，『牧原憲夫著作選集』(全2巻，有志舎)など．

原田敬一(はらだ・けいいち)　第3章
1948年生まれ．佛教大学文学部教授．日本近代史．本シリーズ第3巻『日清・日露戦争』のほか，『国民軍の神話』(吉川弘文館)，『帝国議会 誕生』(文英堂)，『日清戦争』(吉川弘文館)など．

成田龍一(なりた・りゅういち)　第4章・終章
1951年生まれ．日本女子大学名誉教授．日本近現代史．本シリーズ第4巻『大正デモクラシー』のほか，『近代都市空間の文化経験』(岩波書店)，『「戦争経験」の戦後史』『歴史論集』(全3冊，以上，岩波現代文庫)など．

加藤陽子(かとう・ようこ)　第5章
1960年生まれ．東京大学大学院人文社会系研究科教授．日本近代史．本シリーズ第5巻『満州事変から日中戦争へ』のほか，『模索する一九三〇年代』(山川出版社)，『戦争の日本近現代史』(講

談社現代新書)，『それでも，日本人は「戦争」を選んだ』(新潮文庫)，『天皇の歴史 8 昭和天皇と戦争の世紀』(講談社学術文庫)など．

吉田　裕(よしだ・ゆたか)　第 6 章
1954 年生まれ．一橋大学名誉教授．日本近現代史．本シリーズ第 6 巻『アジア・太平洋戦争』のほか，『昭和天皇の終戦史』『日本の軍隊』(以上，岩波新書)，『日本人の戦争観』(岩波現代文庫)，『日本軍兵士』(中公新書)など．

雨宮昭一(あめみや・しょういち)　第 7 章
1944 年生まれ．茨城大学名誉教授，獨協大学名誉教授．政治社会史・日本政治外交史・地域政治論．本シリーズ第 7 巻『占領と改革』のほか，『戦時戦後体制論』(岩波書店)，『近代日本の戦争指導』(吉川弘文館)，『総力戦体制と地域自治』(青木書店)，『戦後の越え方』(日本経済評論社)，『時代への向き合い方』(丸善プラネット)など．

武田晴人(たけだ・はるひと)　第 8 章
1949 年生まれ．東京大学名誉教授．経済史．本シリーズ第 8 巻『高度成長』のほか，『日本の歴史 19 帝国主義と民本主義』(集英社)，『日本人の経済観念』(岩波現代文庫)，『岩崎弥太郎』『渋沢栄一』(以上，ミネルヴァ書房)，『日本経済史』(有斐閣)など．

吉見俊哉(よしみ・しゅんや)　第 9 章
1957 年生まれ．東京大学名誉教授．國學院大学観光まちづくり学部教授．社会学・文化研究・メディア研究．本シリーズ第 9 巻『ポスト戦後社会』のほか，『都市のドラマトゥルギー』(河出文庫)，『視覚都市の地政学』(岩波書店)，『親米と反米』『大学とは何か』『平成時代』(岩波新書)など．

日本の近現代史をどう見るか
シリーズ 日本近現代史⑩　　岩波新書(新赤版)1051

2010年2月19日　第1刷発行
2023年12月5日　第17刷発行

編　者　岩波新書編集部

発行者　坂本政謙

発行所　株式会社 岩波書店
〒101-8002 東京都千代田区一ツ橋2-5-5
案内 03-5210-4000　営業部 03-5210-4111
https://www.iwanami.co.jp/

新書編集部 03-5210-4054
https://www.iwanami.co.jp/sin/

印刷製本・法令印刷　カバー・半七印刷

ISBN 978-4-00-431051-8　　Printed in Japan

岩波新書新赤版一〇〇〇点に際して

ひとつの時代が終わったと言われて久しい。だが、その先にいかなる時代を展望するのか、私たちはその輪郭すら描きえていない。二〇世紀から持ち越した課題の多くは、未だ解決の緒を見つけることのできないままであり、二一世紀が新たに招きよせた問題も少なくない。グローバル資本主義の浸透、憎悪の連鎖、暴力の応酬――世界は混沌として深い不安の只中にある。

現代社会においては変化が常態となり、速さと新しさに絶対的な価値が与えられた。消費社会の深化と情報技術の革命は、種々の境界を無くし、人々の生活やコミュニケーションの様式を根底から変容させてきた。ライフスタイルは多様化し、一面では個人の生き方をそれぞれが選びとる時代が始まっている。同時に、新たな格差が生まれ、様々な次元での亀裂や分断が深まっている。社会や歴史に対する意識が揺らぎ、普遍的な理念に対する根本的な懐疑や、現実を変えることへの無力感がひそかに根を張りつつある。そして生きることに誰もが困難を覚える時代が到来している。

しかし、日常生活のそれぞれの場で、自由と民主主義を獲得し実践することを通じて、私たち自身がそうした閉塞を乗り超え、希望の時代の幕開けを告げてゆくことは不可能ではあるまい。そのために、いま求められていること――それは、個と個の間で開かれた対話を積み重ねながら、人間らしく生きることの条件について一人ひとりが粘り強く思考することではないか。その営みの糧となるものが、教養に外ならないと私たちは考える。歴史とは何か、よく生きるとはいかなることか、世界そして人間はどこへ向かうべきなのか――こうした根源的な問いとの格闘が、文化と知の厚みを作り出し、個人と社会を支える基盤としての教養となった。まさにそのような教養への道案内こそ、岩波新書が創刊以来、追求してきたことである。

岩波新書は、日中戦争下の一九三八年一一月に赤版として創刊された。創刊の辞は、道義の精神に則らない日本の行動を憂慮し、批判的精神と良心的行動の欠如を戒めつつ、現代人の現代的教養を刊行の目的とする、と謳っている。以後、青版、黄版、新赤版と装いを改めながら、合計二五〇〇点余りを世に問うてきた。そして、いままた新赤版が一〇〇〇点を迎えたのを機に、人間の理性と良心への信頼を再確認し、それに裏打ちされた文化を培っていく決意を込めて、新しい装丁のもとに再出発したいと思う。一冊一冊から吹き出す新風が一人でも多くの読者の許に届くこと、そして希望ある時代への想像力を豊かにかき立てることを切に願う。

（二〇〇六年四月）